ATLANTIS

Die letzten Geheimnisse
einer versunkenen Welt

1. Auflage August 2010

Copyright © 2010 bei
Kopp Verlag, Pfeiferstraße 52, 72108 Rottenburg

Alle Rechte vorbehalten

Lektorat: Dr. Renate Oettinger
Umschlaggestaltung: Angewandte Grafik / Peter Hofstätter
Satz und Layout: Agentur Pegasus, Zella-Mehlis
Druck und Bindung: CPI – Clausen & Bosse, Leck

ISBN: 978-3-942016-39-1

FSC
www.fsc.org

MIX
Papier aus verantwor-
tungsvollen Quellen
FSC® C083411

Gerne senden wir Ihnen unser Verlagsverzeichnis
Kopp Verlag
Pfeiferstraße 52
72108 Rottenburg
E-Mail: info@kopp-verlag.de
Tel.: (0 74 72) 98 06-0
Fax: (0 74 72) 98 06-11

Unser Buchprogramm finden Sie auch im Internet unter:
www.kopp-verlag.de

Walter Schilling

ATLANTIS

Die letzten Geheimnisse einer versunkenen Welt

KOPP VERLAG

INHALT

VORWORT

Nur in wenigen Fällen haben wir einen unmittelbaren Zugang zu den Geschehnissen der fernen Vergangenheit. Zwar gelingt es uns in beharrlicher Forschungsarbeit immer wieder, geschichtlich weit zurückliegende Phänomene zu erschließen. Ihre korrekte Einordnung bleibt jedoch meist schwierig. Das gilt erst recht, wenn die Spuren solcher Phänomene zunächst nur indirekt, etwa durch die Berichte Dritter, zu erkennen sind oder in schwer entschlüsselbaren Mythen Ausdruck finden. Die Berichte antiker Schriftsteller über »Atlantis« führen uns in eine solche Situation. Gleichwohl gibt es gute Gründe, unsere Fähigkeit zu erproben, die vorliegenden Spuren zu deuten und dem unbezähmbaren Wunsch nach Aufklärung zu folgen.

Gewiss haben schon viele Autoren versucht, die Frage nach der Historizität der Kultur und der Lokalisierung jener Insel Atlantis zu beantworten, die in den Berichten antiker Schriftsteller erwähnt wird. Vollständig gelungen ist dies bisher nicht. Es mag deshalb als vermessen erscheinen, die »Atlantis-Frage« erneut zu erörtern. Doch weisen zahlreiche Beispiele aus der Wissenschaftsgeschichte darauf hin, dass unser Verständnis der fernen Vergangenheit nicht plötzlich entsteht und dann unverändert bleibt. Vielmehr sind andere geschichtliche Welten, wie zum Beispiel die griechische und römische Antike, eingebettet in eine lange historiografische Tradition, in der immer wieder neu überprüft worden ist, ob die alten Einordnungen und Bewertungen noch stimmen. Und nicht selten mussten dank neuer Daten und Fakten überkommene Interpretationen ad acta gelegt werden.

Wir müssen uns also bewusst bleiben, dass uns im Hinblick auf das Verständnis der fernen Vergangenheit zwar zahlreiche Erkenntnisse zugewachsen sind, aber ein geschlossenes Gebäude mit einem in sich ruhenden Fundament dennoch fehlt. Nicht ohne Grund haben sich Historiker und Archäologen bei der Betrachtung bereits weitgehend erforschter Welten der Vergangenheit immer wieder neuen Fragestellungen zugewandt, Dokumente und Quellen im Lichte der Erkenntnisse auch aus anderen Disziplinen miteinander verglichen und dabei Zusammenhänge aufzeigen können, die vorher nicht ins Auge fielen. Diese positive Erfahrung sollte uns ermutigen, vor dem Hintergrund des heute verfügbaren Wissens den Versuch zu wagen, auch anhand weniger mit Sicherheit identifizierbarer Einzelfakten die weit zurückliegende Ereignisgeschichte rational zu fassen und beschreibbar zu machen.

So besteht die Zielsetzung dieses Bandes darin, die immer noch unbeantwortete »Atlantis-Frage« im Lichte der neuesten Erkenntnisse der Forschung erneut zu betrachten. Dabei wird versucht, neben der Klärung der grundsätzlichen Frage, ob der »Atlantis-Bericht« Bilder der wirklichen Welt enthält oder nur eine literarische Idee ist, methodisch streng vorzugehen, die Widersprüche in den Theorien anderer Autoren aufzuzeigen und sich bei den eigenen Folgerungen stets über die Voraussetzungen der Angaben im »Atlantis-Bericht« Rechenschaft zu geben. Vor dem Hintergrund der eigenen Erkundungen im Süden der Iberischen Halbinsel und der neuen Überlegungen gilt es schließlich, das Ergebnis dem Leser vorzustellen und die Repräsentanten der Wissenschaft zu weiterem Engagement anzuregen.

Walter Schilling

»Meines Erachtens muss man den Historikern ihre
Irrtümer nachsehen, da sie nun einmal Menschen sind
und da die in den vergangenen Zeiten verborgene
Wahrheit nur schwer zu finden ist.«
Diodorus Siculus: *Bibliotheke historike XIII 90, 7*

EINLEITUNG

Das Thema des untergegangenen Königreichs und der versunkenen Insel Atlantis beschäftigt die Menschheit seit mehr
als zwei Jahrtausenden. Unzählige Bücher und Artikel sind
im Laufe dieser Zeit zum Thema Atlantis erschienen, in
denen die Autoren versuchen, dieses Rätsel der Menschheitsgeschichte zu lösen. Beruht die Beschreibung der Kultur von Atlantis, die uns der griechische Philosoph Platon
(427–347 v. Chr.) überliefert hat, auf Tatsachen? Oder hat
Platon die berühmte Legende erfunden und als literarisches
Mittel genutzt, um seine philosophische Botschaft zu erläu-
tern? Schon die Zeitgenossen des Philosophen und die
antiken Schriftsteller der folgenden Jahrhunderte haben
über diese Frage gestritten. Und bis heute ist die Auseinandersetzung darüber, ob Atlantis – in welcher Form auch
immer – existiert hat, nicht beendet.

Die Schwierigkeit, diese Grundfrage eindeutig zu beantworten, scheint wohl einer der wichtigsten Gründe dafür zu
sein, dass sich unter den vielen Autoren, die in neuerer Zeit
Bücher und Artikel zum Thema Atlantis geschrieben haben, bemerkenswert wenige Fachwissenschaftler, also Historiker und Archäologen, befinden. Das Feld wird vielmehr

von – meist nicht akademischen – Autoren beherrscht, die sich eher von ihrer Fantasie beflügeln ließen, als mit wissenschaftlicher Sorgfalt an die Probleme heranzugehen. In ihren Abhandlungen spiegelt sich zum einen die Sehnsucht nach einer legendären Vergangenheit und friedvolleren Welt wider. Zum anderen mag der Reiz der außergewöhnlichen Geschichte eine Rolle spielen, der manche Autoren veranlasst hat, sich der von Platon überlieferten Erzählung über eine untergegangene Kultur zu widmen.

Wenngleich die Suche nach der Lösung des Atlantis-Rätsels auf viele Menschen eine gewisse Faszination ausübt, ist die ausgeprägte Abneigung der Fachwissenschaftler gegen eine Beschäftigung mit diesem Thema durchaus verständlich. Angesichts der schwierigen Beweislage und der zweifellos irritierenden Tatsache, dass gerade auch in neuerer Zeit so viele Amateure ihre Vorstellungen über die von Platon beschriebene Atlantische Kultur und deren Untergang dargelegt haben, fürchten die meisten Fachwissenschaftler, möglicherweise ihre Reputation zu verlieren, wenn sie sich der Atlantis-Frage zuwenden. Diese Gefahr ist sicherlich nicht von der Hand zu weisen. Wie der langjährige deutsche Gelehrtenstreit um die Bedeutung Trojas und die zum Teil bösartigen Angriffe auf den weltweit hochgeschätzten Archäologen und früheren Leiter des internationalen Ausgrabungsteams Manfred Korfmann zeigt, kann man als besonnener, verantwortungsvoll und methodisch arbeitender und zugleich aufgeschlossener Wissenschaftler sehr schnell in die Lage geraten, sich verteidigen zu müssen – und dies bei einem Forschungsgegenstand, über den wir erheblich mehr wissen als über Atlantis.

Die geschichtliche Erfahrung lehrt uns allerdings auch, dass entschlossene Amateure den professionellen Forschern manchmal voraus sind und als Erste erfolgreich ein neues Terrain betreten, dessen Erkundung vornehmste Aufgabe der Fachwissenschaft wäre. Die Entdeckung Trojas durch Heinrich Schliemann ist hierfür ein eindrucksvolles Beispiel. Indem Heinrich Schliemann bestimmte geografische Angaben Homers in der *Ilias* wörtlich nahm, fand er Troja. Daher müssen sich die Historiker und Archäologen immer die Frage stellen, ob ihre Zurückhaltung mit Blick auf schwierige Forschungsgegenstände, die auf Außenseiter eine gewisse Faszination ausüben, der Sache eher schadet. Sie sollten sich daran erinnern, dass neben der wissenschaftlichen Sorgfalt und Methodik auch Intuition und Vorstellungskraft zu den wesentlichen Qualitäten des kompetenten Forschers gehören.

Angesichts der anhaltenden Skepsis der Fachwissenschaftler gegenüber dem Thema»Atlantis« kann es jedoch erneut passieren, dass ein Außenseiter oder der Repräsentant einer anderen Fachrichtung – zum Beispiel ein Geologe, Physiker oder Chemiker – des Rätsels Lösung findet oder wenigstens der Lösung näher kommt. Der Wissensdrang und die Suche nach einer schlüssigen Antwort auf die seit mehr als zwei Jahrtausenden offene Frage sind jedenfalls ungebrochen. Die Historiker und Archäologen sollten sich deshalb nicht damit beruhigen, dass die seit dem späten 19. Jahrhundert und auch in unseren Tagen wieder vorgelegten Abhandlungen über Atlantis und den Untergang seiner Kultur noch kein wissenschaftlich in allen Punkten haltbares Ergebnis gebracht haben. Die Widersprüche und Fehler in den bisherigen Veröffentlichungen, auch die absurdesten Versuche der Lokalisierung, sind kein Beweis dafür, dass die Frage *prinzipiell* unlösbar ist.

In der Tat bleiben alle bisher angebotenen Lösungsvorschläge in irgendeiner Weise unbefriedigend. Wer sich nach den Grundregeln wissenschaftlichen Arbeitens mit der Überlieferung der Atlantis-Geschichte beschäftigt, dem werden gerade nach der kritischen Lektüre neuerer Abhandlungen über dieses Thema die Voreingenommenheit und die methodischen Fehler der meisten Autoren auffallen. Gewiss muss man zugeben, dass es schwierig ist, die Aussagen des griechischen Philosophen Platon sachlich richtig zu interpretieren. Doch zum einen haben sich die in Platons Bericht erwähnten Naturgegebenheiten in den vergangenen zwei Jahrtausenden – von Ausnahmen abgesehen – nur geringfügig verändert. Und zum anderen können wir heute auf wichtige Erkenntnisse aus mehreren wissenschaftlichen Disziplinen zurückgreifen, die früheren Autoren nicht zur Verfügung standen. Schon von daher erscheint es geboten, die Betrachtung der Atlantis-Geschichte erneut mit der Grundfrage zu beginnen.

Das Rätsel

Fiktion oder Wirklichkeit?

1. Der Atlantis-Bericht Platons

Der bis heute nachwirkende Atlantis-Mythos hat seinen Ursprung in dem relativ kurzen Bericht, den der berühmte griechische Gelehrte Platon (Bildteil, Abb. 1), der Begründer des philosophischen Idealismus, etwa um das Jahr 355 v. Chr. niederschrieb. Der Schüler des berühmten Philosophen Sokrates (470–399 v. Chr.) und Anhänger der Lehren des Pythagoras (ca. 580–ca. 500 v. Chr.) war zu dieser Zeit bereits über 70 Jahre alt und hatte vor allem durch die Verkündung seiner prägnanten Vorstellungen über Politik und Staat weit über Griechenland hinaus einen glänzenden Ruf erworben. Auf seinen weiten Reisen, so zum Beispiel nach Ägypten, Magna Graecia (griechische Kolonien Süditaliens) und Syrakus, knüpfte er viele Kontakte und wichtige Beziehungen, unter anderem zu dem Pythagoräer Archytas von Tarent und Dionysios I., dem Tyrannen von Syrakus (mit dem er sich rasch zerstritt), und seinem späteren Schüler Dion, dessen Schwester mit Dionysios verheiratet war.

Nach seiner Rückkehr im Jahre 387 v. Chr. nach Athen gründete Platon dort eine Schule nahe dem Hain des Heros Akademos; auf ihn geht der Name Akademie zurück, der in der Folgezeit für Platons Philosophenschule verwendet wurde. Platon und seine Schüler, unter ihnen Aristoteles, beschäftigten sich hier mit Mathematik, Dialektik, Moral und allen Themen, die ihnen für die künftigen Regenten und Politiker wichtig erschienen. Über die Vorlesungen und Diskussionen hinaus hat Platon zahlreiche Schriften verfasst, für die er sich meistens der Form des Dialogs bediente. Sie verdanken ihren Charme vor allem ihrer dramatischen Anlage, den interessanten Personen, die an den Gesprächen teilnehmen, und den hintergründigen Aussagen, die Platon diesen Personen in den Mund legt. So überrascht es nicht, dass der Gelehrte auch für seine Atlantis-Geschichte die Form des Gesprächs wählte. Diese berühmte Geschichte ist in den beiden Dialogen *Timaios* und *Kritias* enthalten.[1] Gesprächspartner waren Platons Lehrer Sokrates, der pythagoreische Philosoph und Astronom Timaios aus Locri, der im Exil lebende General Hermokrates aus Syrakus sowie der Athener Politiker Kritias, ein Verwandter des Platon, zu dessen Vorfahren auch der berühmte Athener Staatsmann Solon (ca. 640 – ca. 560 v. Chr.) gehörte. Das Gespräch zwischen den vier historischen Figuren hat Platon in das Jahr 421 v. Chr. gelegt. *Timaios* sollte, zusammen mit den folgenden Dialogen *Kritias* und *Nomoi*, eine Trilogie werden. Leider beendete Platon diese Dialoge nicht, sodass auch die Atlantis-Geschichte nur unvollständig übermittelt wurde.

Der Atlantis-Bericht im Dialog *Timaios* wird durch Hermokrates eingeleitet. Er kündigt an, dass Timaios, Kritias und er selbst bereit seien, über die Menschen und die Welt zu sprechen, besonders aber Kritias, der bereits eine Geschichte erwähnt hätte, die aus alter Überlieferung stamme. Nach Einzelheiten befragt, beginnt Kritias seinen Bericht.

Kritias:»So will ich denn diese alte Geschichte erzählen, die ich von einem nicht mehr jungen Mann vernommen habe. Es war nämlich damals Kritias (der Ältere), wie er sagte, schon beinahe 90 Jahre, ich aber ungefähr erst zehn Jahre alt. Nun war gerade der Knabentag der Apaturien[2], und was sonst jedes Mal an diesem Fest der Brauch war, das geschah auch diesmal mit den Kindern: Die Väter hatten Preise für den besten Vortrag von Gedichten für uns ausgesetzt. So wurden denn viele Gedichte von mancherlei Dichtern hergesagt; namentlich aber trugen viele von uns Kindern Gedichte des Solon vor, weil diese zu jener Zeit noch etwas Neues waren. Da äußerte nun einer von den Genossen unserer Phratrie[3], sei es, dass dies damals wirklich seine Ansicht war, sei es, um dem Kritias etwas Angenehmes zu sagen, es scheine ihm Solon sowohl in allen anderen Stücken der Weiseste als auch in Bezug auf die Dichtkunst unter allen Dichtern der Edelste zu sein. Der Greis nun – denn ich erinnere mich dessen noch sehr wohl – ward sehr erfreut und erwiderte lächelnd: ›Wenigstens, Amynandros, wenn er die Dichtkunst nicht bloß als Nebensache betrieben, sondern, wie andere, seinen ganzen Fleiß auf sie verwandt und die Erzählung, welche er aus Ägypten mit hierher brachte, vollendet und nicht wegen der Unruhen und durch alle anderen Schäden, welche er hier bei seiner Rückkehr vorfand, sich gezwungen gesehen hätte, sie liegen zu lassen, dann wäre, wenigstens nach meinem Dafürhalten, weder Homeros noch Hesiodos noch irgendein anderer Dichter je berühmter geworden als er.‹ ›So erzähle mir denn von Anfang an‹, sagte der andere, ›was und wie und von wem Solon hierüber Beglaubigtes gehört und es danach berichtet hat.‹«

»Es gibt in Ägypten«, versetzte Kritias, »in dem Delta, an

dessen Ende der Nilstrom sich spaltet, einen Gau, welcher der Saitische heißt, und die größte Stadt dieses Gaues ist Sais, von wo auch der König Amasis gebürtig war. Die Einwohner nun halten für die Gründerin der Stadt eine Gottheit, deren Name auf Ägyptisch Neith, auf Griechisch aber, wie sie behaupten, Athene ist. Sie sagen daher, dass sie große Freunde der Athener und gewissermaßen mit ihnen stammverwandt seien. Als daher Solon dorthin kam, so wurde er, wie er erzählte, von ihnen mit Ehren überhäuft, und da er Erkundigungen über die Vorzeit bei denjenigen Priestern einzog, welche hierin in besonderer Weise erfahren waren, so war er nahe daran zu finden, dass weder er selbst noch irgendein anderer Grieche, fast möchte man sagen, auch nur irgendetwas von diesen Dingen wusste. Und einst habe er, um sie zu einer Mitteilung über die Vorzeit zu veranlassen, begonnen, ihnen die ältesten Geschichten Griechenlands zu erzählen, ihnen von Phoroneus, welcher für den ersten Menschen gilt, und von Niobe, und wie nach der großen Flut Deukalion und Pyrrha übrig blieben, zu berichten und das Geschlechtsregister ihrer Abkömmlinge aufzuzählen, und habe versucht, mit Anführung der Jahre, welche auf jedes einzelne kamen, woran er sprach, die Zeiten zu bestimmen. Da aber habe einer der Priester, ein sehr bejahrter Mann, ausgerufen: ›O Solon, Solon, ihr Hellenen bleibt doch immer Kinder, und einen alten Hellenen gibt es nicht!‹

Als nun Solon dies vernommen, habe er gesagt: ›Wieso denn, und wie meinst du das?‹

›Ihr seid alle jung an Geist‹, erwiderte der Priester, ›denn ihr tragt in ihm keine Anschauung, welche aus alter Überlieferung stammt, und keine mit der Zeit ergraute Kunde. Der Grund hiervon aber ist folgender: Es haben schon viele

und vielerlei Vertilgungen von Menschen stattgefunden und
werden auch fernerhin stattfinden, die umfänglichsten durch
Feuer und Wasser, andere, geringere, aber durch unzählige
andere Ursachen. Denn was bei euch erzählt wird, dass
Phaeton, der Sohn des Helios, den Wagen seines Vaters
bestieg und, weil er es nicht verstand, auf dem Wege seines
Vaters zu fahren, alles auf der Erde verbrannte, bis er vom
Blitze erschlagen ward, das klingt zwar wie eine Fabel, aber
es hat einen wahren Kern, nämlich die veränderte Bewegung der die Erde umkreisenden Himmelskörper und die
Vernichtung von allem, was auf der Erde befindlich ist,
durch vieles Feuer, welches nach dem Ablauf großer Zeiträume eintritt. Von derselben werden dann die, welche auf
Gebirgen und in hochgelegenen und wasserlosen Gegenden
wohnen, stärker betroffen als die Anwohner der Flüsse und
des Meeres, und so rettete auch uns der Nil, wie aus allen
anderen Nöten, so auch damals, indem er uns auch vor
dieser bewahrte. Als aber wiederum die Götter die Erde mit
großen Wasserfluten überschwemmten, da blieben die, die
auf den Bergen wohnten, Rinder- und Schafhirten, erhalten, die aber, welche bei euch in den Städten wohnten,
wurden von den Flüssen ins Meer geschwemmt, dagegen in
unserem Land strömte weder damals noch auch sonst das
Wasser vom Himmel herab auf unser Land, denn es ist so
eingerichtet, dass bei uns alles Wasser von unten her über
das Land flutet. Daher und aus diesen Gründen bleibt alles
bei uns erhalten und gilt deshalb für das Älteste. In Wahrheit jedoch gibt es in allen Gegenden, wo nicht übermäßige
Kälte oder Hitze es wehrt, stets ein bald mehr, bald minder
zahlreiches Menschengeschlecht.

Nun aber liegt bei uns alles, was bei euch oder in der
Heimat oder in anderen Gegenden vorgeht, von denen wir

durch Hörensagen wissen, sofern es irgend etwas Treffliches oder Großes ist oder irgendwie Bedeutung hat, insgesamt von alters her in den Tempeln aufgezeichnet und bleibt daher auch erhalten. Ihr dagegen und die übrigen Staaten seid hinsichtlich der Schrift und allem anderen, was zum staatlichen Leben gehört, immer eben erst eingerichtet. Wenn schon wiederum nach dem Ablauf der gewöhnlichen Frist wie eine Krankheit die Regenflut hereinbricht und nur die der Schrift Unkundigen und Ungebildeten bei euch übrig lässt, sodass ihr immer von Neuem gleichsam wieder jung werdet und der Vorgänge bei uns und bei euch unkundig bleibt, so viele sich ihrer in alten Zeiten ereigneten. Wenigstens eure jetzigen Geschlechtsverzeichnisse, mein lieber Solon, wie du sie eben vortrugst, unterscheiden sich nur wenig von Kindermärchen. Denn erstens erinnert ihr euch nur einer Überschwemmung der Erde, während doch so viele schon vorhergegangen sind, sodann aber wisst ihr nicht, dass das trefflichste und edelste Geschlecht unter den Menschen in eurem Lande gelebt hat, von denen du und alle Bürger eures jetzigen Staates herstammen, indem einst ein geringer Stamm von ihnen übrig blieb; sondern alles dieses blieb euch verborgen, weil die Übriggebliebenen viele Geschlechter hindurch ohne die Sprache der Schrift ihr ganzes Leben verbrachten. Denn es war einst, mein Solon, vor der größten Zerstörung durch Wasser der Staat, welcher jetzt der athenische heißt, der Beste im Kriege und mit der in allen Stücken ausgezeichnetsten Verfassung ausgerüstet, wie denn die herrlichsten Taten und öffentlichen Einrichtungen von allen unter der Sonne, deren Ruf wir vernommen haben, ihr zugeschrieben werden.‹

Als nun Solon dies hörte, da habe er, wie er erzählte, sein Erstaunen gezeigt und angelegentlich die Priester gebeten, ihm die ganze Geschichte der alten Bürger seines Staates in genauer Reihenfolge wiederzugeben.

Der Priester aber habe erwidert: ›Ich will dir nichts vorenthalten, lieber Solon, sondern dir alles mitteilen, sowohl dir als auch eurem Staate, vor allem aber der Göttin zuliebe, welche euren sowie unseren Staat gleichmäßig zum Eigentum erhielt und beide erzog und bildete, den euren tausend Jahre früher aus dem Samen, den sie dazu von der Erdgöttin Ge und dem Hephaistos empfangen hatte, und später ebenso den unseren. Die Zahl der Jahre aber, seitdem die Einrichtung des Letzteren besteht, ist in unseren heiligen Büchern auf 9000 angegeben. Von euren Mitbürgern, die vor 9000 Jahren lebten, will ich dir also jetzt in Kürze berichten, welches ihre Staatsverfassung und welches die herrlichste Tat war, die sie vollbrachten. Das Genaue über dieses aber wollen wir ein anderes Mal der Reihe nach durchgehen, indem wir die Bücher selber in die Hand nehmen. Von ihrer Verfassung nun mache dir eine Vorstellung nach der hiesigen: denn du wirst viele Proben von dem, was damals bei euch galt, in dem, was bei uns heute noch gilt, wiederfinden, zuerst eine Kaste der Priester, welche von allen anderen gesondert ist, sodann die Gewerbetreibenden, von denen wieder jede Klasse für sich arbeitet und nicht mit den anderen zusammen, samt den Hirten, Jägern, Ackerleuten; endlich wirst du auch wohl bemerkt haben, dass die Kriegerkaste hierzulande von allen anderen gesondert ist und dass ihr nichts anderes außer der Sorge für das Kriegswesen vom Gesetze auferlegt ist. Ihre Bewaffnung ferner besteht aus Spieß und Schild, mit denen wir zuerst unter den Völkern Asiens uns ausrüsteten, indem die Göttin es uns ebenso wie in euren Gegenden euch gelehrt hatte. Was sodann die Geistesbildung anbelangt, so siehst du wohl doch, eine wie große Sorge das Gesetz bei uns gleich in seinen Grundlagen auf sie verwandt hat, indem es aus allen auf die Naturordnung bezüglichen Wissenschaften bis hin zur Weissagung und Heilkunst zur Sicherung der Gesundheit, welche auch göttlicher Natur sind, dasjenige, was zum Gebrauch der Menschen sich eignet, heraussuchte und sich dergestalt alle diese Wissenschaften und alle anderen, welche mit ihnen zusammenhängen, aneignete. Nach dieser ganzen Anordnung und Einrichtung gründete nun die Göttin zuerst euren Staat, indem sie den Ort eurer Geburt mit Rücksicht darauf wählte, dass die dort herrschende glückliche Mischung der Jahreszeiten am besten dazu geeignet sei, verständige Männer zu erzeugen. Weil also die Göttin zugleich den Krieg und die Weisheit liebte, so wählte sie den Ort aus, welcher sich am meisten dazu eignete, Männer, wie sie ihr am ähnlichsten sind, hervorzubringen und gab diesem zuerst seine Bewohner. So wohntet ihr also dort im Besitz einer solchen Verfassung und noch vieler anderer trefflicher Einrichtungen und übertraft alle Menschen in jeglicher Tugend und Tüchtigkeit, wie auch von Sprösslingen und Zöglingen der Götter nicht anders zu erwarten ist. Viele andere große Taten eures Staates nun lesen wir in unseren Schriften mit Bewunderung; von allen jedoch ragt eine durch ihre Größe und Kühnheit hervor.

Unsere Bücher erzählen nämlich, eine welch gewaltige Kriegsmacht euer Staat einst gebrochen hat, als sie übermütig gegen ganz Europa und Asien zugleich vom atlantischen Meere heranzog. Damals nämlich war das Meer dort befahrbar. Denn außerhalb der Meerenge, welche ihr in eurer Sprache die Säulen des Herakles nennt, gab es eine Insel, welche mächtiger war als Asien und Libyen[4] zusammen. Von ihr konnte man damals nach den übrigen Inseln hinübersetzen und von den Inseln auf das ganze gegenüberliegende Festland, welches jenes Meer abgrenzt, das eigentlich allein den Namen Meer verdient. Denn dieses unser Meer, das innerhalb der Säulen des Herakles liegt, ist nur eine Bucht mit einem schmalen Eingang. Jenes Meer aber kann in Wahrheit Meer und das umschließende Festland mit vollem Recht Festland genannt werden. Auf jener Insel Atlantis nun bestand eine große und bewunderungswürdige Königsherrschaft, welche nicht bloß die ganze Insel, sondern auch viele andere Inseln und Teile des Festlandes unter ihrer Gewalt hatte. Außerdem beherrschte sie noch von den Ländern am Binnenmeer Libyen bis nach Ägypten und Europa bis nach Tyrrhenien. Indem sie nun diese gewaltige Macht zu einer Heeresmasse vereinigte, unternahm sie es, alles euch und uns gehörige Land sowie überhaupt alles Land innerhalb der Meerenge in ihre Gewalt zu bringen. Das war denn, mein Solon, die Zeit, wo eure Staatsmacht der ganzen Welt die glänzendste Probe ihrer Tüchtigkeit und Kraft gab, denn allen überlegen an Beherztheit und Kriegskunst stand sie zuerst an der Spitze der Hellenen, dann aber sah sie sich durch den Abfall aller anderen auf sich allein gestellt. So geriet sie in die äußerste Bedrängnis, gleichwohl widerstand sie den Andringenden und errichtete ihre Siegeszeichen. So verhinderte sie auch die Unterjochung der noch nicht unterworfenen Völker und gab den anderen von uns, die wir innerhalb der Säulen des Herakles wohnen, mit edelstem Sinne die Freiheit zurück. Weiterhin aber brach dann eine Zeit gewaltiger Erdbeben und Überschwemmungen herein, und es kamen ein Tag und eine Nacht voll entsetzlicher Schrecken, wo die ganze Masse eurer Krieger von der Erde verschlungen wurde; ebenso versank auch die Insel Atlantis im Meere und verschwand. Daher ist das dortige Meer auch heute noch unbefahrbar und unerforschbar infolge der ungeheuren Schlammmassen, welche die sinkende Insel anhäufte.‹

›Da hast du nun, lieber Sokrates, was mir vom alten Kritias auf Solons Bericht hin erzählt wurde, so in Kurzem vernommen. Und so fiel mir denn auch, als du gestern über den Staat und seine Bürger, wie du sie schilderst, sprachst, eben das, was ich jetzt mitgeteilt habe, dabei ein, und mit Erstaunen bemerkte ich, wie wunderbar du durch ein Spiel des Zufalls so überaus nahe in den meisten Stücken mit dem zusammentrafst, was Solon erzählt hatte. Doch wollte ich es nicht sogleich sagen, denn nach so langer Zeit hatte ich es nicht mehr gehörig im Gedächtnis, und ich bemerkte daher, dass es nötig wäre, bei mir selber zuvor alles gehörig zu überdenken und dann erst darüber zu sprechen. Darum war ich auch so rasch mit den Aufgaben, welche du gestern stelltest, einverstanden, indem ich glauben durfte, ich würde um das, was in allen solchen Fällen die meisten Schwierigkeiten macht, nämlich einen den Erwartungen der Zuhörer entsprechenden Stoff zugrunde zu legen, eben nicht in Verlegenheit sein. Deshalb nun rief ich es mir auch ins Gedächtnis zurück. Indem ich es gestern gleich, wie auch Hermokrates schon bemerkt hat, als ich von hier fortging, unseren beiden Freunden mitteilte, und ebenso sann ich, nachdem ich sie verlassen hatte, während der Nacht darüber nach und habe mir dadurch so ziemlich alles wieder in volle Erinnerung gebracht. Und in der Tat, es ist wahr, was das Sprichwort sagt: Was man als Knabe lernt, das merkt man sich wunderbar! Ich meinerseits weiß nicht, ob ich das, was ich gestern hörte, mir so alles im Gedächtnis wieder vergegenwärtigen könnte. Es würde mich aber wundern, wenn ich von dieser Geschichte, die ich vor so langer Zeit gehört habe, irgendetwas vergessen hätte. Ich hatte nämlich schon damals, als ich sie hörte, nach Kinderart viel Freude daran, weshalb ich denn den Alten, der auch stets bereit war, mir zu antworten, wiederholt immer von Neuem danach fragte, sodass es wie mit unauslöschlichen Zügen sich mir eingebrannt hat. Daher teilte ich denn auch heute morgen den Gastfreunden eben dies mit, damit es auch ihnen gleich mir nicht an Stoff zu reden gebräche. Jetzt also, um auf das zurückzukommen, weswegen dies alles erzählt worden ist, bin ich bereit, lieber Sokrates, nicht bloß im Ganzen und Großen, sondern auch in den einzelnen Zügen alles, wie ich es gehört habe, vorzutragen, und die Bürger und den Staat, welche du gestern uns gleichsam wie in einer Dichtung geschildert hast, werde ich jetzt in die Wirklichkeit, und zwar hierher nach Athen versetzen, indem ich annehme, dass dieser Staat der unsrige gewesen ist, und werde behaupten, dass die Bürger, wie du sie dir dachtest, jene unsre leibhaftigen Voreltern gewesen sind, von welchen der Priester sprach. Sie werden ganz dazu stimmen, und wir werden durchaus das Richtige treffen, wenn wir sagen, dass sie diejenigen seien, welche in der damaligen Zeit lebten; wir werden uns jedoch in die Aufgabe, welche du uns gestellt hast, teilen und sie alle mit vereinten Kräften wie nach Vermögen gebührend zu lösen versuchen, und es ist deshalb vorher zuzusehen, lieber Sokrates, ob dieser Stoff nach unserem Sinne ist oder ob wir noch erst einen anderen an seiner Stelle zu suchen haben.‹

Sokrates: ›Und welchen anderen, lieber Kritias, sollten wir wohl besser an seiner Stelle nehmen, welcher zu der gegenwärtigen Feier der Göttin wegen der nahen Beziehungen zu ihr so gut passt? Und dazu ist auch wohl noch das an dieser Geschichte der größte Vorzug, dass sie kein bloß erdichtetes Märchen, sondern wahrhaftige Tatsachen über-liefert. Denn wie und woher sollten wir andere Stoffe neh-men, wenn wir diesen verschmähen wollten? Wir würden vergebens suchen.‹«

Sokrates ist von der Idee, die Atlantis-Geschichte zur Grundlage staatspolitischer Diskussionen zu machen, sehr angetan. Das Besondere daran scheint für ihn zu sein, dass es sich dabei nicht um eine erfundene Fabel, sondern um eine wahre Überlieferung handelt. Doch Kritias lenkt die Diskussion zunächst auf andere Themen und kommt erst im nächsten, nach ihm benannten Dialog auf die Atlantis-Geschichte zurück. Wieder ist derselbe Freundeskreis ver-sammelt, und Kritias ergreift erneut das Wort.

Kritias:»Ich will nun berichten, was einst von den Pries-tern dem Solon mitgeteilt und von ihm hierhergebracht wurde. Vor allem müssen wir uns zuerst ins Gedächtnis zurückrufen, dass es im Ganzen 9000 Jahre her sind, seit-dem, wie berichtet wurde, der Krieg zwischen denen, wel-che außerhalb der Säulen des Herakles, und allen denen, welche innerhalb derselben wohnten, ausbrach, welchen ich jetzt vollständig zu erzählen habe. Nun wurde schon angeführt, dass an der Spitze des Letzteren unsere Stadt stand und den ganzen Krieg zu Ende führte, während über die Ersteren die Könige der Insel Atlantis herrschten, wel-che, wie ich bemerkt habe, einst mächtiger war als Libyen und Asien zusammen. Jetzt aber ist sie durch Erdbeben untergegangen und setzt demjenigen, der von ihr aus nach dem jenseitigen Meere fahren wollte, eine jedes Vorwärts-kommen hemmende Schlammmasse als unüberwindliches Hindernis entgegen. Was nun die zahlreichen barbarischen und hellenischen Völkerschaften im Einzelnen betrifft, so wird die Darstellung im weiteren Verlauf über alles bei

gegebener Gelegenheit nach und nach Aufschluss geben. Was aber die Athener und ihre Gegner, mit denen sie Krieg führten, anlangt, so ist es unerlässlich, gleich hier bei Beginn ihre beiderseitige Macht und Staatsverfassung zu besprechen. Den Vorrang in der Schilderung hat dabei die Darstellung der Zustände in unserem Staat ...«
Nach der Beschreibung der athenischen Staatsverfassung fährt der Bericht wie folgt fort:
»Aber auch, was in Betreff unseres Landes erzählt wurde, ist durchaus glaubwürdig und wahr: zuerst, dass sich damals seine Grenzen bis an den Isthmos und gegen das übrige Festland bis zu den Höhen des Kithairon und Parnass ausgedehnt und dass sich diese Grenzen dergestalt abwärts gezogen hätten, dass sie das Gebiet von Oropos zur Rechten hatten, zur Linken aber den Asopos vom Meere abgrenzten; sodann aber, dass an Fruchtbarkeit die ganze Erde von unserem Land übertroffen wurde, weshalb es denn auch imstande gewesen wäre, ein großes Heer von Einwohnern zu ernähren. Ein bedeutender Beweis aber für diese Güte des Bodens ist der Umstand, dass auch sein gegenwärtiger Überrest in Ergiebigkeit an jeglicher Frucht und Nahrung für jede Art lebender Wesen es noch mit allen anderen Ländern aufnehmen kann. Damals aber trug es dieses alles in besonderer Schönheit und Fülle. Wie möchte nun aber dies als glaubwürdig erscheinen, nämlich inwiefern muss dieses Land ein Überrest des damaligen heißen? Das Ganze, so wie es vom übrigen Festlande ab sich lang hin in das Meer erstreckt, liegt da wie ein Vorgebirge; denn das Meeresbecken, welches es umgibt, ist hart an seinen Gestaden überall von großer Tiefe. Da nun viele bedeutende Überschwemmungen während der 9000 Jahre stattgefunden haben – denn so viele sollen ja seit jener Zeit bis auf die

gegenwärtige verstrichen sein –, so hat die Erde, welche
während dieser Zeit und unter diesen Einwirkungen von
den Höhen herabgeflossen ist, nicht, wie in anderen Gegenden, einen Damm, welcher der Rede wert wäre, aufgewor-
fen, sondern sie ist jedes Mal in den Wirbeln verschwunden
und so in die Tiefe versunken. So sind denn, wie es auch bei
kleinen Inseln zu geschehen pflegt, im Vergleich zu dem
damaligen Lande in dem gegenwärtigen ähnlich wie bei
einem durch Krankheit abgemagerten Körper nur noch die
Knochen übriggeblieben, indem die Erde, soweit sie fett
und weich war, überall fortgeschwemmt wurde und nur das
magere Gerippe des Landes übrig blieb. Damals aber, als es
noch unversehrt war, waren seine Berge mit fruchtbarer
Erde hoch bedeckt, und ebenso waren seine Ebenen, welche
jetzt als Steinboden bezeichnet werden, voll fetter Erde.
Auch trug das Land viele Wälder auf seinen Bergen, von
welchen es auch jetzt noch deutliche Spuren gibt. Jetzt
bieten die Berge allerdings nur mehr den Bienen Nahrung.
Es ist aber noch gar nicht lange Zeit her, als noch Dächer,
welche aus jenen Bäumen gefertigt waren, die man dort als
Sparrenholz für die größten Gebäude fällte, unversehrt da-
standen. Es gab aber auch noch viele andere hohe Bäume,
und zwar Fruchtbäume, und für die Herden brachte das
Land unglaublich reiche Weiden hervor. Ferner genoss es
jährlich eine Regenzeit und verlor auch die Feuchtigkeit
nicht wieder, wie jetzt, wo sie von dem dünnen Frucht-
boden gleich ins Meer abfließt, sondern weil es diesen
damals reichlich besaß, so sickerte auch der Regen in ihn
ein und wurde in bergenden Schichten bewahrt, sodass das
eingesogene Wasser den Untergrund ausfüllte und an allen
Orten reichhaltige Quellen und Flüsse zutage traten, von
denen ja auch noch jetzt da, wo einst ihre Ursprünge waren,

heilige Merkzeichen für die Wahrheit meiner Erzählung über unser Land geblieben sind.

Also war nun das übrige Land von Natur geschaffen und ward auch in gehöriger Weise angebaut von Ackersleuten, die in Wahrheit diesen Namen verdienten und sich eben nur hiermit beschäftigten und dabei pflichteifrig und von tüchtigem Schlage waren, wie ihnen denn ja auch der schönste Boden und Wasser in reichlicher Fülle und das treffliche Klima zuteil geworden war …

Doch nun will ich auch die Verhältnisse darlegen, wie sie bei den Gegnern Athens bestanden und wie sie sich von Anfang an bei ihnen entwickelten – wenn anders mich mein Gedächtnis nicht bei dem, was ich einst als Knabe gehört habe, im Stich lässt.

Ich muss jedoch meinem Bericht noch erst eine kurze Bemerkung vorausschicken, damit ihr euch nicht wundert, wenn ihr hellenische Namen hört, wo es sich doch um Männer anderer Völker handelt. Ihr sollt den Grund dafür erfahren: Solon, der ja die Absicht hatte, diese Namen für seine Dichtung zu verwenden, forschte nach ihrer eigentlichen Bedeutung und fand, dass die Ägypter jene ältesten Namen, welche sie aufgezeichnet hatten, in ihre eigene Sprache übersetzt hatten. Solon erwog nun auch selbst noch einmal den Sinn jedes Namens und schrieb sie sich, in unsere Sprache übertragen, auf. Diese Niederschrift war im Besitze meines Großvaters und ist jetzt in dem meinigen und ist von mir in meinen Knabenjahren sorgfältig durchstudiert worden. Wenn ihr also Namen zu hören bekommt, wie man sie auch bei uns hier hört, so dürft ihr euch nicht darüber wundern, denn ihr habt ja nun den Grund davon erfahren.«

Von dem langen Bericht lautete der Anfang damals folgendermaßen:

»Bei der Verteilung der ganzen Erde unter die Götter erhielten – wie bereits früher bemerkt – die einen den größeren, die anderen einen kleineren Anteil, in denen sie Heiligtümer und Opferstätten für sich einrichteten. So erhielt auch Poseidon die Insel Atlantis, auf der er seinen Nachkommen aus der Verbindung mit einem sterblichen Weibe ihre Wohnstätte gab, und zwar an einer Stelle von folgender Beschaffenheit: Ziemlich in der Mitte jener Insel, jedoch so, dass sie an das Meer stieß, lag eine Ebene, welche von allen Ebenen die schönste und fruchtbarste gewesen sein soll. In der Mitte dieser Ebene aber lag wiederum, und zwar 50 Stadien[5] vom Meer entfernt, ein nach allen Seiten niedriger Berg. Auf diesem nun wohnte einer der dort zu Anfang aus der Erde entsprossenen Männer namens Euenor mit seiner Gattin Leukippe. Sie hatten eine einzige Tochter mit Namen Kleito. Als nun dieses Mädchen in das heiratsfähige Alter gekommen war, starben Mutter und Vater. Poseidon aber ward von Liebe zu ihr ergriffen und verband sich mit ihr, und so umgab er den Hügel, auf dem sie wohnte, ihn abglättend, ringsherum mit einer starken Umwallung, indem er mehrere kleinere und größere Ringe abwechselnd von Wasser und Erde umeinanderfügte, und zwar ihrer zwei von Erde und drei von Wasser, die er von der Mitte der Insel aus wie mit einem Zirkel abgemessen, überall gleich weit voneinander abstehend, anlegte. Dadurch wurde der Hügel unzugänglich für Menschen, denn Schiffe und Schifffahrt gab es damals noch nicht. Ihm selbst aber, als einem Gott, war es ein Leichtes, die Insel mit allem Nötigen auszustatten; so ließ er zwei Wassersprudel, den einen warm, den anderen kalt, aus der Erde hervorquellen und reichliche Frucht aus ihr sprießen. An Kindern zeugte er fünf Mal Zwillingssöhne. Er zog sie auf, teilte das ganze Gebiet in zehn Teile und sprach von dem ältesten Paare dem Erstgeborenen den mütterlichen Wohnsitz zu, mit dem ringsherum liegenden Land, dem größten und besten, und machte ihn zum König über die anderen, aber auch diese machte er zu Herrschern. Denn jedem gab er die Herrschaft über viele Menschen und vieles Land. Auch Namen legte er ihnen bei, und zwar dem Ältesten und Könige den, von dem ja auch die ganze Insel und das Meer dort, welches das Atlantische heißt, ihren Namen erhielten, weil der Name des ersten der damaligen Könige Atlas lautete. Dem nachgeborenen Zwillingsbruder, welcher den äußersten Anteil erhielt, von den Säulen des Herakles bis zum Gadeirischen Lande, wie es noch jetzt in jener Gegend genannt wird, gab er den Namen, der hellenisch Eumelos, in der Landessprache aber Gadeiros lautete, und dieser Umstand mag auch zugleich dieser Landschaft den Namen gegeben haben. Von dem zweiten Zwillingspaare nannte er den einen Ampheres, den anderen Euämon, von dem dritten legte er dem Älteren den Namen Mneseus, dem nach ihm geborenen den Namen Autochthon bei, vom vierten nannte er den Älteren Elasippos, den jüngeren Mestor, vom fünften endlich erhielt der früher geborene den Namen Azaes, der spätere den Namen Diaprepes. Diese nun sowohl selbst als auch ihre Nachkommen wohnten dort viele Menschenalter hindurch nicht nur als Herrscher über viele andere Inseln des Meeres, sondern auch, wie schon früher bemerkt, als Gebieter über die innerhalb der Säulen des Herakles Wohnenden bis nach Ägypten und Tyrrhenien.

Vom Atlas nun stammte ein zahlreiches Geschlecht, welches auch in seinen übrigen Gliedern hochgeehrt war; was aber den König anlangt, so übergab immer der Älteste dem Ältesten der Nachkommen die Herrschaft. So bewahrten sie diese viele Menschenalter hindurch, dabei häuften sie eine Fülle von Reichtum an, wie er wohl weder vorher in irgendeinem Königreiche zu finden war noch so leicht sich späterhin wieder finden wird; sie waren wohl versehen mit allem, was der Bedarf der Stadt wie des übrigen Landes erforderte. Denn vieles wurde ihnen von auswärts infolge ihrer Herrschaft zugeführt, das meiste aber bot die Insel selbst für die Bedürfnisse des Lebens. Vor allem brachen sie dort gediegenes und schmelzbares Kupfer, auch gruben sie jenen Stoff, der heute nur noch dem Namen nach bekannt ist, damals aber mehr war, als nur ein Name, nämlich den Oreichalkos an vielen Stellen der Insel aus der Erde; er hatte unter den damals lebenden Menschen nächst dem Golde den höchsten Wert. Ferner brachte die Insel alles, was der Wald für die Arbeiten der Handwerker zu liefern hat, in großer Fülle; auch nährte sie reichlich zahme und wilde Tiere, die in Sümpfen, Teichen und Flüssen wie auch für die, welche auf Bergen oder in der Ebene leben, kurz, nicht nur für sie alle fand sich ausreichende Weide, sondern auch für jenes von Natur aus größte und gefräßigste Tier, den Elefanten, von dem auch eine Art sehr zahlreich auf ihr vertreten war.

Außerdem trug und nährte sie trefflich alles, was auch jetzt noch die Erde an wohlriechenden Erzeugnissen gedeihen lässt, an Wurzeln, Gras, Holz oder Säften, sei es, dass diese Säfte aus Blüten oder aus Früchten hervorquellen. Dazu kam noch die ›milde Frucht‹ und die ›trockene‹, deren wir zur Nahrung bedürfen, sowie alle Frucht, die uns zur Speise dient und die wir mit einem zusammenfassenden Namen als Gemüse bezeichnen, ferner die, welche baumartig wächst und Trank, Speise und Öl liefert, ferner die schwer aufzubewahrende Frucht der Obstbäume, welche uns zur Kurzweil und zur Erheiterung geschaffen ist, sowie alle, welche wir als Reizmittel des gesättigten Magens dem Müden als erwünschte Gabe zum Nachtisch auftragen – alles dies brachte die heilige Insel, die damals unter der Sonne lag, in vortrefflicher und erstaunlicher Güte sowie in unermesslicher Menge hervor. Indem nun die Herrscher dies alles von der Erde empfingen, errichteten sie Tempel, Königshäuser, Häfen und Schiffswerften und gaben auch dem ganzen übrigen Land seine Einrichtungen, wobei sie nach folgender Anordnung verfuhren:

Zuerst schlugen sie Brücken über die Wasserringe, welche ihre alte Hauptstadt umgaben, um sich so einen Weg von oder nach der Königsburg zu verschaffen. Die königliche Burg aber errichteten sie gleich zu Anfang an dem Wohnorte des Gottes und ihrer Vorfahren, und so empfing sie denn der eine vom anderen, in der weiteren Ausschmückung nach Kräften stets seine Vorgänger übertreffend, bis sie denn diesem Wohnsitz durch die Größe und Schönheit ihrer Werke ein Aussehen verliehen hatten, das Staunen erregte. Sie gruben auch vom Meer aus einen Kanal, drei Plethren[6] breit, 100 Fuß[7] tief und 50 Stadien lang bis zu dem äußersten Ring und ermöglichten so die Einfahrt vom Meere bis dahin, wie in einen Hafen, indem sie den Damm in einer Breite durchbrachen, die den größten Schiffen die Durchfahrt gewährte. Und so durchbrachen sie auch die Erdringe, welche die Wasserringe trennten, in der Nähe der Brücken so weit, dass man gerade mit einem Dreiruderer von einem zum anderen fahren konnte. Die Öffnungen aber überbrückten sie, sodass man unter diesen Überbrückungen hindurchfahren konnte, die Ränder der Erdringe

hatten nämlich eine hinreichend über das Wasser empor-
ragende Höhe. Es hatte aber der Größte von den Ringen, in
welchen das Meer hineingeleitet worden war, eine Breite
von drei Stadien, und ihm war der nächste Erdring gleich.
Von dem zweiten Ringpaar hatte der Wasserring eine Breite
von zwei Stadien, der Erdring ebenfalls. Eines Stadions
Breite hatte der Wasserring, der die in der Mitte liegende
Insel unmittelbar umgab. Die Insel aber, auf welcher die
königliche Burg lag, hatte einen Durchmesser von fünf
Stadien. Diese selber nun umgaben sie ringsherum und
ebenso die Ringe und den Wall, welcher ein Plethron breit
war, von beiden Seiten mit je einer steinernen Mauer und
errichteten auf den Wällen nach beiden Seiten hin Türme
und Tore gegen die Durchfahrten dem Meere zu. Die Steine
dazu, teils weiß, teils schwarz, teils rot, brachen sie ringsherum an den Rändern der in der Mittel gelegenen Insel und
ebenso im Innern derselben. Beim Brechen der Steine aber
verfuhren sie so, dass sie zugleich im Innern derselben auf
beiden Seiten Höhlen als Schiffsarsenale gewannen, welche
vom Felsen überdeckt waren. Die Gebäude ferner, die sie
aufführten, waren teils einfarbig, teils aber waren sie auch
aus verschiedenfarbigen Steinen zusammengesetzt, denn diese Zusammenstellung übt einen besonderen Reiz aus. Sodann fassten sie die um den äußersten Ring herumlaufende
Mauer in ihrem ganzen Umfang mit Erz ein, indem sie es
mit Öl auftrugen. Die innere Mauer aber verzierten sie mit
geschmolzenem Zinn, und die Mauer um die Burg selbst
mit Oreichalkos, welches einen feurigen Glanz hatte.
  Die königliche Wohnung innerhalb der Burg war folgendermaßen eingerichtet: In der Mitte fand sich dort ein der
Kleito und dem Poseidon geweihter, dem öffentlichen Besuch entzogener Tempel, eingefasst mit einer goldenen Mau-

er, derselbe, in welchem sie einst das Geschlecht der zehn Fürsten erzeugt und hervorgebracht hatten. Dorthin brachte man auch jährlich aus allen zehn Regionen die Erstlinge als Opfergaben. Der Tempel des Poseidon selbst hatte eine Länge von einem Stadion, eine Breite von drei Plethren und eine für das Auge entsprechende Höhe, in seinem ganzen Aussehen hatte er etwas Barbarisches. Den ganzen Tempel überzogen sie mit Silber, mit Ausnahme der Zinnen, diese aber mit Gold. Was aber das Innere betrifft, so konnte man die Decke mit Gold, Elfenbein, Silber und Oreichalkos verziert sehen, alles andere aber, die Mauern, Säulen und Fußböden, belegten sie mit Oreichalkos. Auch stellten sie goldene Standbilder darin auf, und zwar den Gott selbst auf einem Wagen stehend als Lenker von sechs geflügelten Rossen, und in solcher Größe, dass er mit dem Scheitel die Decke berührte, ringsherum aber hundert Nereiden auf Delfinen, denn so viele gab es nach dem Glauben der damaligen Menschen. Außerdem fanden sich darin noch zahlreiche Standbilder als Weihgeschenke von Privatleuten. Um den Tempel außen herum standen goldene Bilder von allen insgesamt, von den Weibern und von allen denen, die von den zehn Königen abstammten, auch viele andere große Weihgeschenke, sowohl von den Königen als auch von Privatleuten, teils aus der Stadt selbst, teils von den außerhalb Wohnenden, über welche jene herrschten. Auch der Altar entsprach an Größe und Art der Herstellung dieser Ausstattung, und die Königswohnung war auf gleiche Weise ebenso sowohl der Größe des Reiches als auch der Ausschmückung der Heiligtümer angemessen.

Die Quellen aber, die mit dem kalten und die mit dem warmen Wasser, welche eine reiche Wasserfülle boten und die beide an Wohlgeschmack und Güte zum Gebrauch in ganz besonderer Weise geeignet waren, verwerteten sie in folgender Weise: Ringsum nämlich in der Nähe legten sie Gebäude und für die Bewässerung besonders empfindliche Baumpflanzungen an; dazu ferner richteten sie ringsum Wasserbehälter ein, teils unter freiem Himmel, teils zu warmen Bädern für den Winter in bedeckten Räumen, und zwar abgesondert voneinander, die für den König und die für die Untertanen, und noch andere für Frauen, wieder andere auch für Pferde und die übrigen Zugtiere; durchweg mit der angemessenen Ausstattung für die Einzelnen versehen. Das abfließende Wasser aber leiteten sie in den Hain des Poseidon, der sich dank der Güte des Bodens durch die Schönheit und den wunderbar hohen Wuchs seiner Bäume mannigfachster Art auszeichnete, zum Teil auch auf die äußersten Erdwälle durch Kanäle über die Brücken weg. In der Umgebung dieser Wasserleitung waren zahlreiche Heiligtümer für eine Reihe von Göttern, auch Gärten und Ringplätze in großer Zahl angelegt, sowohl für die gymnastischen Übungen der Männer selbst als auch für die Übungen mit Rossegespannen, gesondert auf jedem der beiden Erdringe. Überdies befand sich auch in der Mitte der größeren Insel eine auserlesene Rennbahn, ein Stadion breit und der Länge nach sich um den ganzen Umkreis erstreckend, zum Wettkampf für die Gespanne. Um dieselben lagen zu beiden Seiten die Wohnungen für die Mehrzahl der Trabanten. Den Zuverlässigeren aber war auf dem kleineren und näher an der Burg gelegenen Erdring die Wacht übertragen; denen hingegen, die sich an Treue vor allen anderen hervorgetan hatten, waren ihre Wohnungen auf der Burg selbst in unmittelbarer Nähe der Könige angewiesen. Die Schiffsarsenale aber waren voll von Dreiruderern und mit allem, was zur Ausrüstung von Dreiruderern gehört, bestens versehen.

So also war es mit der Ausstattung des Wohnsitzes der Könige bestellt. Wenn man aber die drei außerhalb befindlichen Häfen hinter sich gelassen hatte, dann traf man auf einen am Meer beginnenden und im Kreise herumlaufenden Deich, von dem größten Ring und Hafen war er 50 Stadien entfernt und lief, im Kreise sich schließend, wieder zur Ausgangsstelle zurück, nämlich zum Durchbruch des Kanals nach dem Meere zu. Dieses Ganze aber war mit vielen und dicht gedrängten Wohnungen umgeben, und die Ausfahrt sowie der größte Hafen wimmelten von Schiffen und Kaufleuten, die von allen Orten dahin zusammenströmten und durch ihr massenhaftes Auftreten bei Tage wie bei Nacht Geschrei, Getümmel und Lärm mannigfachster Art verursachten.

Was sich auf die Stadt und auf jenen alten Wohnsitz bezieht, das ist nun von mir ziemlich so, wie es damals erzählt wurde, vorgetragen. Nun gilt es, das übrige Land seiner natürlichen Beschaffenheit nach zu beschreiben.

Zunächst wurde das Gelände im Ganzen als Hochland und als schroff nach dem Meere zu abfallend geschildert, nur das Gebiet um die Stadt herum als durchweg eben. Das Land selbst bildete eine glatte und gleichmäßige Fläche, die in ihrer Gesamtausdehnung eine längliche Gestalt hatte. Nach der einen Seite erstreckte sich das Gebiet 3000 Stadien, nach der Mitte aber, vom Meer her, 2000 Stadien. Dieser Teil der ganzen Insel erstreckte sich von Norden nach Süden und lag im Norden. Die Berge aber im Norden übertrafen, wie die Lobpreisungen des damaligen Geschlechtes ergeben, an Menge, Größe und Schönheit alle jetzt vorhandenen; in ihnen lagen viele Flecken mit einer zahlreichen Bevölkerung, ferner Flüsse, Seen und Wiesen, die allen Arten zahmer und wilder Tiere Nahrung boten, sowie zahlreiche Waldungen, die bei der großen Mannigfaltigkeit der Baumarten einen reichen Stoff für die gemeinsamen und privaten Aufgaben lieferten. Folgendes nun war die natürliche Beschaffenheit der Ebene und die Gestaltung, die sich durch die Fürsorge vieler Könige in langer Zeit erhalten hatte. Sie hatte die Gestalt eines regelmäßigen, länglichen Vierecks; was daran fehlte, war gerade gerichtet worden, indem man einen Graben ringsherum gezogen hatte. Was die Tiefe, Breite und Länge desselben anlangt, so klingt es bei einem Werk von Menschenhand zwar unglaublich, wenn erzählt ward, dass zu den anderen Arbeitsleistungen auch noch diese hinzukam, doch muss ich berichten, was ich gehört habe. Ein Plethron tief war nämlich der Graben gezogen und überall ein Stadion breit; um die ganze Ebene ergab das demnach eine Länge von 10 000 Stadien. Er nahm die von den Bergen herabströmenden Gewässer auf, und, rings um die Ebene herumfließend und die Stadt zu beiden Seiten berührend, ließ er sie auf folgende Weise ins Meer abfließen. Von seinem oberen Teil her wurden nämlich von ihm geradlinige Kanäle meist 100 Fuß breit in die Ebene geführt, welche wieder in den vom Meere aus gezogenen Kanal mündeten, und zwar war jeder dieser Kanäle von den anderen 100 Stadien weit entfernt. Auf ihnen schafften sie das Holz von den Bergen in die Stadt und brachten auch die sonstigen Landeserzeugnisse zu Schiff heran durch Verbindungskanäle, die sie zwischen den Hauptarmen in der Quere und nach der Stadt hin anlegten. Zwei Mal im Jahre ernteten sie, wozu ihnen im Winter der Regen des Zeus verhalf, während sie im Sommer das der Erde entquellende Wasser aus den Kanälen herbeileiteten.

Was aber die Volksmenge anbelangt, so bestand die Anordnung, dass jeder Distrikt in der Ebene aus der kriegstüchtigen männlichen Bevölkerung einen Anführer stellen sollte. Die Größe eines Distrikts aber betrug 100 Landlose; die Gesamtzahl all dieser Mannschaften betrug 60 000. Auf den Bergen und im übrigen Lande gab es, wie erzählt wurde, eine große Menschenmenge, alle aber waren nach Ortschaften und Flecken einem dieser Distrikte und dem betreffenden Anführer zugewiesen. Die Anführer mussten nach der geltenden Bestimmung zum Kriege ihrer sechs zusammen einen Kriegswagen stellen, sodass es deren insgesamt 10 000 wurden, außerdem auch zwei Rosse und Reiter, dazu noch ein Zweigespann ohne Wagen, welches mit einem Krieger bemannt war, der einen kleinen Schild trug und herabsteigend zu Fuß kämpfte, dazu einen aufgesessenen Zügelhalter für die beiden Rosse. Ferner musste ein jeder von ihnen zwei Schwerbewaffnete, an Bogen- und Schleuderschützen ebenfalls je zwei, und ebenso an Stein- und Speerwerfern ohne Rüstung je drei, endlich zur Bemannung für die 1200 Schiffe je vier Seeleute stellen. So war das Kriegswesen des königlichen Staates eingerichtet, von den übrigen neun aber hatte jeder seine besonderen Einrichtungen, über die zu berichten zu viel Zeit erfordern würde.

Die Verhältnisse der obrigkeitlichen Gewalt und der Staatswürden aber war von Anfang an folgendermaßen geordnet: Von den zehn Königen herrschte ein jeder in dem ihm überkommenen Gebiet von seiner Stadt aus über die Bewohner und über die meisten Gesetze, sodass er strafen und hinrichten lassen konnte, wen er wollte. Die Herrschaft und Gemeinschaft unter ihnen selbst ward aufrechterhalten nach den Anordnungen des Poseidon, wie sie ih-

nen das Gesetz und die Inschrift überlieferte, die von den
Urvätern auf einer Säule aus Oreichalkos eingegraben war.
Diese stand in der Mitte der Insel im Heiligtum des Posei-
don. Dort versammelten sie sich abwechselnd bald jedes
fünfte, bald jedes sechste Jahr, um die ungerade Zahl nicht
vor der geraden zu bevorzugen, und berieten in persönli-
chem Zusammensein über die gemeinsamen Angelegenhei-
ten, untersuchten ferner, ob sich einer unter ihnen einer
Übertretung schuldig gemacht hätte, und saßen darüber zu
Gericht. Waren sie aber zu dem Entschluss gekommen, ein
Gericht abzuhalten, so gaben sie einander zuvor folgendes
Unterpfand. In dem heiligen Bezirk des Poseidon trieben
sich frei weidende Stiere herum; nun veranstalteten die
Zehn ganz allein, nachdem sie zu dem Gott gefleht, er möge
sie das ihm erwünschte Opferstück fangen lassen, eine Jagd
ohne Eisen, bloß mit Stöcken und Stricken. Denjenigen
Stier aber, den sie fingen, schafften sie zur Säule hinauf und
schlachteten ihn auf der Höhe derselben über der Inschrift.
Auf der Säule befand sich außer dem Gesetze auch noch
eine Schwurformel mit wuchtigen Verwünschungen gegen
die Ungehorsamen. Wenn sie nun nach gesetzmäßigem
Vollzug des Opfers alle Glieder des Stieres dem Gotte als
Weihgabe darbrachten, warfen sie in einen dazu vorbereiteten Mischkessel für jeden von ihnen einen Tropfen geronnenen Blutes, das übrige aber übergaben sie dem Feuer,
nachdem sie die Säule ringsherum gereinigt hatten. Hierauf
schöpften sie mit goldenen Trinkbechern aus dem Kessel
und schwuren, von ihren Schalen ins Feuer spendend, sie
würden nach den Gesetzen auf der Säule richten und Strafe
verhängen, wenn einer von ihnen sich vorher des Unrechts
schuldig gemacht hätte. Was aber die Zukunft anlange, so
würde keiner sich absichtlich einer Gesetzesübertretung

schuldig machen und weder selbst anders als gesetzmäßig
herrschen noch einem Herrscher gehorchen, der sich in
seinen Anordnungen nicht nach den Gesetzen des Vaters
richtete. Nachdem ein jeder von ihnen dies für sich selbst
und für seine Nachkommen gelobt hatte, trank er und
weihte sodann den Becher als Geschenk für das Heiligtum
des Gottes. Dann gönnten sie sich Zeit für das Mahl und
für die notwendige Körperpflege. Sobald aber die Dunkelheit hereingebrochen und das Opferfeuer erloschen war,
legten alle ein dunkelblaues Gewand von wunderbarer
Schönheit an, und so, bei der Glut des Eidesopfers am
Boden sitzend und alle anderen Feuer um das Heiligtum
herum auslöschend, ließen sie nächtlicherweile dem Recht
als Richter oder Gerichtete seinen Lauf, wenn einer von
ihnen den anderen irgendeiner Übertretung anklagte. Das
Urteil aber, welches sie gefällt, trugen sie, sobald es Tag
ward, auf einer goldenen Tafel ein, die sie als Gedenktafel
aufstellten mitsamt ihren Gewändern.

Es gab aber noch mancherlei andere Gesetze über die
besonderen Rechte der einzelnen Könige; die wichtigsten
Bestimmungen aber waren die, dass sie niemals einander
bekriegen, sondern sich alle gegenseitig helfen wollten, wenn
etwa irgendeiner von ihnen in irgendeiner Stadt das königliche Geschlecht zu vernichten unternähme; auch dass sie
nur nach gemeinsamer Beratung, gleich wie ihre Vorfahren
auch, ihre Beschlüsse über den Krieg und sonstige Unternehmungen beraten und dabei die Oberleitung dem Geschlecht des Atlas überlassen sollten; doch sollte der König
nicht das Recht haben, einen seiner Verwandten zum Tode
zu verurteilen, wenn nicht mindestens sechs von den zehn
Herrschern ihre Zustimmung geben würden.

Diese so gewaltige und großartige Macht, die damals in

jenen Gegenden bestand, ließ Gott nun in kriegsmäßigem Zusammenschluss gegen unsere Länder hier hervorbrechen, und zwar, wie es heißt, aus folgendem Grunde. Viele Menschenalter hindurch, solange des Gottes Natur sich in ihnen auswirkte, blieben sie den Gesetzen gehorsam und verleugneten nicht ihre Verwandtschaft mit der Gottheit. Denn ihre Sinnesweise war von sehr hoher Art. Sie waren wahrhaftig und durchaus großherzig; etwaigen Schicksalsschlägen gegenüber sowie im Verkehr miteinander zeigten sie sich sehr gelassen und einsichtsvoll, in ihren Augen hatte nur die Tugend wahren Wert, darum achteten sie die vorhandenen Glücksgüter gering und machten sich nichts aus der Menge des Goldes und des übrigen Besitzes, die ihnen eher wie eine Last erschienen. Weit entfernt also, trunken vom Schwelgen in ihrem Reichtum oder ihrer selbst nicht mächtig zu Fall zu kommen, erkannten sie mit nüchternem Sinn und voller Schärfe, dass all dies äußere Gut nur durch Freundestreue, gepaart mit Tugend, gedeihen könne, dagegen hinschwinden müsse, wenn alle Sorgen und alles Verlangen eben nur dem Besitz zugewendet ist, dann werde auch die Tugend mit in den Abgrund gerissen. Infolge dieser Denkungsart und des fortwirkenden Einflusses ihrer göttlichen Natur glückte ihnen alles, dessen wir vorher gedacht haben. Als aber, was Göttliches in ihnen war, durch starke und häufige Mischung mit Sterblichen mehr und mehr dahinschwand und menschliche Sinnesweise die Oberhand bekam, da erst zeigten sie sich unfähig, sich mit dem Vorhandenen richtig abzufinden; sie schlugen aus der Art und erniedrigten sich in den Augen aller Urteilsfähigen dadurch, dass sie von allem Wertvollen das Schönste zugrunde richteten, während sie den Urteilslosen, die ein wahrhaft zur Glückseligkeit führendes Leben nicht zu er-

kennen imstande sind, erst recht in aller Herrlichkeit und
Pracht dazustehen schienen, dass sie sich ganz einer schrecklichen Habsucht und Machtgier hingaben. Der Gott der
Götter aber, Zeus, der nach ewigen Gesetzen regiert und
einen scharfen Blick hat für dergleichen, beschloss, da er ein
tüchtiges Geschlecht so schmählich herunterkommen sah,
sie durch Strafe dafür zu züchtigen, auf dass sie dadurch zur
Besinnung gebracht und gebessert würden. So berief er
denn alle Götter in ihrem ehrwürdigsten Wohnsitz zusammen, der, in der Mitte der ganzen Welt gelegen, den Blick
über alles gewährt, was je des Werdens teilhaftig geworden,
und richtete an die Versammlung folgende Worte ...«
Mit diesen Worten endet der Atlantis-Bericht Platons.

2. Frage nach der Wahrheit

Zu der grundlegenden Frage, ob die Atlantis-Geschichte
aus »wahrer Überlieferung stammt«, wie Platon behauptet,
vertraten bereits bedeutende Gelehrte der Antike unterschiedliche Ansichten. Es überrascht dabei nicht, dass die
Schüler des berühmten Philosophen von der Wahrheit der
Atlantis-Geschichte überzeugt waren. So sagt zum Beispiel
der griechische Philosoph Krantor (um 335–275 v. Chr.),
einer der ersten Interpreten Platons, in seinem Kommentar
zum Dialog *Timaios*, dass die Atlantis-Erzählung »lautere
Geschichte ist« und »dies bestätigt wird durch die Weisen
der Ägypter, welche versichern, dass die Einzelheiten auf
Säulen geschrieben stehen, welche noch erhalten sind«[8].
Der griechische Philosoph, Geschichtsschreiber und Geograf
Poseidonios (um 135–50 v. Chr.), ein Freund und Lehrer
Ciceros, vertrat die Auffassung, dass die Atlantis-Geschich-

te möglicherweise keine Erfindung ist.[9] Und der griechische Geschichtsschreiber Diodorus Siculus (etwa 80–20 v. Chr.), der zwischen ca. 60 und 30 v. Chr. eine Weltgeschichte in 40 Büchern (*Bibliotheke historike*) mit Rom als Schwerpunkt schrieb, erwähnt die Überlieferungen von dem Volk der »Atlantioi« und dem König Atlas von Atlantis mit seinen Darlegungen über die Mythologie von der Geburt der Götter: »Nach dem Tod des Hyperion, erzählt die Sage, wurde das Königreich zwischen den Söhnen von Uranos geteilt, unter denen die Bekanntesten Atlas und Kronos waren. Von diesen Söhnen erhielt Atlas als seinen Anteil die Gebiete an der Küste des Ozeans, und er gab nicht nur seinem Volk den Namen Atlantioi, sondern nannte den größten Berg in seinem Land Atlas. Es heißt auch, dass er die Wissenschaft von der Astrologie vervollkommnet hat und er der Erste war, welcher der Menschheit die Lehre von der Kugel vermittelt hat; und es war aus diesem Grunde, dass sich die Idee durchsetzte, dass der ganze Himmel auf den Schultern des Atlas ruhte.«[10] Während Diodorus Siculus immerhin bestätigt, dass die Überlieferungen über Atlantis sehr weit zurückreichen und nicht einfach der Fantasie Platons entsprungen sind, gibt der griechische Biograf, Historiker und Moralphilosoph Plutarch (um 46–120 n. Chr.) an, dass es der Priester Sonchis aus der damaligen Pharaonen-Metropole Sais war, der dem griechischen Staatsmann Solon bei dessen Besuch in Ägypten die Atlantis-Geschichte erzählt hat.[11] Plutarch berichtet zudem, dass Platon, ebenso wie die Weisesten unter den Griechen, zu denen Solon, Thales, Eudoxos und Pythagoras gehörten, »nach Ägypten kam und sich mit den Priestern getroffen hat«[12]. Es ist also denkbar, dass Platon während seines Aufenthalts in Ägypten etwa um 393 v. Chr.[13] sein Wissen über Atlantis bestätigt fand und es mit umso größerer Sicherheit für seine Schriften nutzen konnte. Die ägyptischen Priester genossen wegen ihres großen Wissens über Jahrhunderte hinweg bei den Völkern rund um das Mittelmeer hohe Achtung. Auch der griechische Neuplatoniker Proklos (412–485 n. Chr.), der lange Zeit die Akademie in Athen leitete, hat Platons Dialoge ausführlich kommentiert und den Atlantis-Bericht als wahre Überlieferung angesehen. So schreibt er in seinem Kommentar zum Dialog *Timaios* und der dort erwähnten Insel jenseits der Säulen des Herakles: »Dass eine solche und so große Insel einst existierte, ist offensichtlich von dem, was gewisse Historiker bezüglich des äußeren Meeres sagen … Wenn das aber wahr ist und eine solche Insel einst existierte, ist es möglich, das, was darüber gesagt wird, als Geschichte zu akzeptieren.«[14]

Für die Prüfung der grundlegenden Frage nach dem Wahrheitsgehalt des Atlantis-Berichts erscheint es bemerkenswert, dass zu einzelnen Elementen dieses Berichts einige antike Schriftsteller und Gelehrte vor Platons Lebenszeit interessante Angaben gemacht haben. So spielte der König Atlas als bedeutende Gestalt, die dem Atlantischen Ozean und dem Atlasgebirge den Namen gegeben hatte, bereits mehrere Hundert Jahre vor Platon in den überlieferten Mythen der Griechen eine große Rolle. Seine Zuordnung ist zwar nicht immer klar. Immer aber wird sein Wirken in die graue Vorzeit verlegt, und stets wird diese Gestalt im Zusammenhang mit dem Meer im äußersten Westen genannt. Auch der griechische Dichter Homer erwähnt den legendären Herrscher in seinem Werk. In seinem Epos *Odyssee* (etwa um 710 v. Chr. geschrieben), das die Irrfahrten des Odysseus nach dem Trojanischen Krieg schildert, greift er die alte Überlieferung auf: »Eine Göttin bewohnt

das waldumschattete Eiland, Atlas' Tochter, des Aller-
forschenden, welcher des Meeres dunkle Tiefen kennt und
selbst die ragenden Säulen hält, welche die Erde vom Himmel sondern.«[15]

In der ersten Hälfte des 5. Jahrhunderts v. Chr. bezieht
der griechische Schriftsteller Hellanikos, der wie einige andere Autoren dieser Zeit über mythologische Themen und
die Genealogien heroischer Familien schreibt, die Herrscher-
gestalt des Atlas in sein umfangreiches Werk ein. Aus einem
der wenigen erhaltenen Fragmente dieses Werkes wird uns
ein relativ klarer Hinweis auf das Atlantische Reich übermittelt: »Das Reich des Atlas wurde im äußersten Westen
angesiedelt am Rande des Okeanos, der nun der Atlantische
Ozean heißt, wie das Volk, das dort wohnt, Atlanten genannt wird.«[16]

In diesem Zusammenhang ist bemerkenswert, dass sich
die ältesten Zeugnisse darüber, wie bedeutende mediterrane
Kulturen den Atlantischen Ozean und dessen einzigen Zugang vom Mittelmeer aus wahrgenommen haben, in den
Aufzeichnungen des Alten Reiches von Ägypten und in den
griechischen Mythen finden. So spiegelt sich in den Geschichten über die zwölf berühmten »Arbeiten des Herakles«, die dem Helden von Eurystheus, dem mythischen
König von Tiryns, auferlegt worden waren, einer der frühesten Hinweise auf den geografischen Tatbestand wider, dass
von dem relativ kleinen Mittelmeer zu dem grenzlos
erscheinenden Ozean eine schmale Meeresstraße führt, die
von zwei Bergen, den »Säulen des Herakles«, beherrscht
wird. Im Rahmen seiner zehnten Arbeit hatte Herakles die
Rinder des Geryon einzufangen, die auf der Insel Erytheia –
der roten Insel – weideten. Hierzu musste der mythische
Held die Meerenge durchqueren. Die in dieser Geschichte

eingeflochtenen geografischen Verhältnisse implizieren, dass die Insel Erytheia nicht allzu weit von der Meerenge im Atlantik lag. Für seine elfte Arbeit musste Herakles die Goldenen Äpfel der Hesperiden holen. Diese Äpfel hatte Hera, die Gemahlin des Zeus, von der Erdmutter Gaia als Hochzeitsgeschenk erhalten. Sie wuchsen auf einem Baum in einem Garten am Ende der Welt und wurden von den Hesperiden bewacht. Nach der griechischen Mythologie galten die Hesperiden als Töchter des Atlas und der Hesperis. Sie lebten im äußersten Westen am Atlantischen Ozean, wo Atlas den Himmel auf seinen Schultern trug. Um also dorthin zu gelangen und seine Aufgabe zu erfüllen, musste Herakles ein weiteres Mal die Meerenge durchfahren.

Auch der griechische Historiker Herodot (ca. 490 – ca. 425 v. Chr.) berichtet in seinen um die Mitte des 5. Jahrhunderts v. Chr. entstandenen *Historien* von dem Volk der »Atlanten« im äußersten Westen.[17] Er erwähnt zudem die Insel, »welche die Hellenen Erytheia nennen, bei Gadeira, das außerhalb der Säulen des Herakles am Okeanos liegt«[18]. Und Herodot bestätigt, dass Solon, nachdem dieser den Athenern neue Gesetze gegeben hatte, zehn Jahre außer Landes gehen musste und zunächst nach Ägypten kam, um zu lernen.[19] Der Aufenthalt Solons in Ägypten wie auch die Reisen anderer berühmter Griechen seiner Zeit in dieses Land haben wohl tatsächlich stattgefunden. Sie dürften zudem freundlich aufgenommen worden sein, da die Beziehungen der Stadt Athen zu den saitischen Herrschern am Nil (26. Dynastie, 664–525 v. Chr.) von Pharao Psammetich I. bis Pharao Amasis besonders gut waren. Auch konnten die Griechen dieser Epoche in Ägypten sehr viel lernen, da die Priester der saitischen Periode großen Wert darauf legten, alles Wissen über die Welt zu sammeln, zu erweitern und ausgewählten Personen weiterzugeben. Wie andere Generationen vor ihnen zeichneten sich die damaligen Priester gerade auch dadurch aus, dass sie einen Sinn für Geschichte und eine klare Vorstellung von der Entwicklung ihrer eigenen Kultur hatten.[20] Man muss in diesem Zusammenhang ebenso bedenken, dass Mythen Formen der Erinnerung sind, die in vielen Erzählungen der fernen Vergangenheit überliefert werden. Auch die Erzählung des ägyptischen Priesters über Atlantis zeigt, wie ein historisches Geschehen der fernen Vergangenheit in die jeweilige Gegenwart – im konkreten Fall die Welt des frühen sechsten Jahrhunderts v. Chr. – eingewoben und in einen Mythos gekleidet wird, der deutlich über die tatsächlichen Verhältnisse und Begebenheiten hinausgeht, aber gleichwohl Fakten enthält, die wir heute noch nachprüfen können.

Die offenbar weit zurückreichenden Überlieferungen über den legendären König Atlas und das Volk der »Atlanten« im äußersten Westen legen den Schluss nahe, dass es sich hierbei nicht um ein reines Fantasieprodukt handelt. Dass Platon den Atlas-Mythos lediglich in neuer Form für seine Staatslehre aufbereitet hat, ist eher unwahrscheinlich. Warum sollte der bereits berühmte Gelehrte seine Atlantis-Geschichte einschließlich der direkten Verwicklung des Athener Staatsmannes Solon auf einer Lüge aufgebaut haben? Dies hätte nur seinen guten Ruf gefährdet. Wenngleich in der von Platon geschilderten Geschichte nicht alle Einzelheiten stimmen müssen, weisen doch die Kernaussagen des Atlantis-Berichts nicht nur durch die Verbindung zu Solon, sondern auch durch die zahlreichen Erwähnungen aus der Zeit vor Platon, ja selbst vor der Ägyptenreise des Athener Staatsmannes auf die einstige Existenz einer bedeutenden Kultur hin, die am Atlantischen Ozean ihren

Ursprung hatte und ihren Einfluss bis weit in das Mittel-meer auszudehnen vermochte.

Bejaht man die grundlegende Frage, dass der Atlantis-Bericht Platons »aus wahrer Überlieferung« stammt, stellt sich für die kritische Wissenschaft das Problem, genau zu bestimmen, wie weit denn auf die Schilderungen Verlass sein soll und inwieweit nicht. Wir haben also auf der Grundlage normaler Wissenschaftler-Skepsis zu prüfen, was sich in Platons Text an harten historischen, geografischen und geologischen Fakten verbirgt. Vier Fragen stehen dabei im Mittelpunkt:

- Wo könnte die Insel Atlantis gelegen haben?
- Von welcher Art war die Atlantische Kultur?
- In welcher Epoche existierte die Atlantische Kultur?
- Wann fiel Atlantis einer Naturkatastrophe zum Opfer?

Wer nach den Grundregeln wissenschaftlichen Arbeitens nach schlüssigen Antworten auf diese entscheidenden Fragen sucht, dem wird rasch bewusst werden, wie schwierig schon die ersten Schritte sind, um die Überlieferungen richtig zu interpretieren. Und selbst wenn es in diesem Bemühen gelingt, einzelne Aspekte realitätsnah zu deuten, so muss das noch nicht heißen, dass man sich der Lösung des Rätsels rasch nähern wird. Schließlich kann die Realitäts-prüfung nur dann als erfolgreich abgeschlossen gelten, wenn drei Kriterien erfüllt werden: Erstens müssen wissenschaftli-che Beweise für die in den Überlieferungen enthaltenen Angaben vorgebracht werden, zweitens müssen alle Einzel-daten zueinander passen, und drittens muss der Gesamtzu-sammenhang aller Daten stimmig sein.

3. Interpretationen und Fakten

Im Zuge der geforderten Realitätsprüfung wird neben der Auswertung der wichtigsten Überlieferungen aus der Antike eine kritische Betrachtung der aus der umfassenden Literatur herausragenden Abhandlungen über die Atlantis-Frage einige Anhaltspunkte liefern können. Wenngleich die Atlantis-Erzählung auch nach dem Ende der Antike immer wieder das Thema heftiger Debatten unter den Gelehrten war, spielte sie vor allem im Zeitalter der Entdeckungen eine bedeutende Rolle. So hatten viele Seefahrer die Behauptungen Platons über die geografische Lage von Atlantis im Gedächtnis, als sie sich im 15. und frühen 16. Jahrhundert auf die Suche nach unbekannten Ländern im Ozean weit jenseits von Europa und Afrika machten. Im Jahre 1553, also ein halbes Jahrhundert, nachdem Kolumbus die »Neue Welt« betreten hatte, stellte der Sekretär des Eroberers von Mexiko Fernando Cortez, der Historiker Francisco Lopez de Gomara, in seiner *Historia general de las Indias* die These auf, die neu entdeckten Inseln im Atlantischen Ozean seien die Reste der untergegangenen Insel Atlantis. Und 1678 präsentierte der gelehrte Jesuit Athanasius Kircher in seiner Schrift *Mundus subterraneus* eine Karte, die die »Lage der Insel Atlantis, die einst vom Meer verschlungen wurde«, im Atlantik zeigte.

Die moderne Atlantis-Debatte begann 1882 mit dem Buch *Atlantis, the Antediluvian World* von Ignatius Donnelly.[21] Dieses bemerkenswerte Werk regte die Fantasie vieler Menschen in Amerika und Europa an und wurde zum Weltbestseller. In den 80 Jahren vor dem Erscheinen dieses Buches hatte sich nicht nur die Archäologie als Wissen-

schaft fest etabliert. Insbesondere wurden immer beein-
druckendere Erkenntnisse über das antike Griechenland
und Rom, vor allem aber dank der Entzifferung der Hieroglyphen durch Champollion im Jahre 1822, über die ägyptische Zivilisation offenbart. Im Jahre 1870 hatte Heinrich
Schliemann seine Ausgrabung Trojas unter dem Hügel von
Hissarlik begonnen und wenige Jahre später Mykene und
Tiryns zutage gefördert. Aus Homers Epen schälte sich
nach und nach ein historischer Kern heraus. In dieser At-
mosphäre fand Donnellys Interpretation der Atlantis-Geschichte große Beachtung und sorgte dafür, dass die Versuche einer Entschlüsselung der Texte Platons niemals mehr
ihre Faszination verloren. Nicht zuletzt haben hierzu die
13 Thesen beigetragen, die Donnelly seinem Buch voran-
stellte. Donnelly behauptet:

1. Im Atlantischen Ozean gab es einst vor dem Eingang
   zum Mittelmeer eine große Insel, die der Überrest
   eines atlantischen Kontinents und im Altertum als
   Atlantis bekannt war.
2. Platons Beschreibung dieser Insel ist nicht eine Fabel, sondern ein auf historischen Tatsachen beruhen-
   der Bericht.
3. Bei Atlantis handelte es sich um jenes Gebiet der
   Erde, in dem die Menschheit zuerst das Stadium der
   Barbarei überwand und die ersten Stufen der Zivilisation erreichte.
4. Atlantis wurde im Laufe seiner Geschichte ein blü-
   hender und mächtiger Staat, durch dessen Einfluss
   die Küsten des Golfs von Mexiko, die Ufer des Mis-
   sissippi, des Amazonas, die Pazifikküste Südameri-
   kas, das Mittelmeer, die Westküste Europas und Afri-

kas, die Ostsee sowie das Schwarze und das Kaspische Meer mit kulturell fortgeschrittenen Völkern besiedelt wurden.

5. Atlantis war die wahre vorsintflutliche Welt, der Garten Eden, die Gärten der Hesperiden, die Insel der Seligen, die Gärten des Alkinoos, der Olymp, das Asgard der Germanen. Es hinterließ eine universelle Erinnerung an ein herrliches Land, in dem die Menschheit im Frühstadium ihrer Geschichte viele Generationen lang in Glück und Frieden lebte.

6. Die Götter und Göttinnen der Alten Griechen, der Phönizier, der Hindus und der Germanen waren nichts anderes als die Könige, Königinnen und Helden von Atlantis; die ihnen in den Mythen zugeschriebenen Heldentaten sind eine verschwommene Erinnerung an weit zurückliegende historische Ereignisse.

7. Die Mythologie der Alten Ägypter und Inkas spiegelt die Religion von Atlantis,einen Sonnenkult, wider.

8. Die älteste von den Atlantern gegründete Kolonie war wahrscheinlich Ägypten, dessen Kultur und Zivilisation denen der Insel Atlantis entsprachen.

9. Die Werkzeuge und Geräte der Bronzezeit waren eine Errungenschaft von Atlantis, und die Atlanter stellten auch das erste Eisen her.

10. Das phönizische Alphabet, die Urform aller europäischen Alphabete, ging auf ein atlantisches Alphabet zurück.

11. Atlantis war die Urheimat der arischen oder indogermanischen Völkerfamilie sowie der semitischen und möglicherweise auch der turanischen Stämme.

12. Atlantis wurde durch eine furchtbare Naturkatastro-

phe vernichtet, bei der die gesamte Insel mit fast allen ihren Bewohnern im Meer versank.

13. Einige wenige Bewohner entkamen in Schiffen und auf Flößen und brachten den Völkern im Osten und im Westen Kunde von der furchtbaren Katastrophe, die in den Sintflutlegenden der verschiedenen Völker der Alten und der Neuen Welt bis zum heutigen Tag lebendig geblieben ist.

Schon auf den ersten Blick fällt an Donnellys Thesen auf, dass sie nicht nur weit über das hinausgehen, was Platon in seinem Atlantis-Bericht geschrieben hat. Dort wird nicht behauptet, dass Atlantis die Ur-Zivilisation beherbergte, deren wenige Überlebende nach dem Untergang ihrer Insel den Völkern im Osten wie im Westen die Kultur gebracht haben. Hier zeigt sich vielmehr in besonders klarer Weise, dass der Autor seine Wunschvorstellungen in die Erzählung Platons hineininterpretiert und so zu einem Bild kommt, das in keiner Weise der Realität entspricht. Die Fehler, die Donnellys berühmte Darstellung enthält, mögen sicher auch dem ungenauen Lesen des Textes geschuldet sein. Doch muss man ihm, wie auch anderen Autoren seiner Zeit, zugute halten, dass die Kenntnisse über die alten Zivilisationen trotz des enormen Auftriebs, den die Wissenschaft der Archäologie im 19. Jahrhundert erfuhr, im Vergleich zu heute noch relativ begrenzt waren.

Dieses Verständnis wird man auch der britischen Archäologin Elena M. Whishaw entgegenbringen müssen. Die Direktorin der 1914 in Sevilla gegründeten Englisch-Spanisch-Amerikanischen Schule der Archäologie hatte im Zuge ihrer intensiven Erforschung der Steinzeitkultur in der Region von Niebla (Andalusien) 1929 mit ihrem Buch

Atlantis in Andalucia. A Study of Folk Memory die These vertreten, dass die prähistorische Kultur von Tartessos von den um 10 000 v. Chr. aus Nordafrika eingewanderten »Atlantern« kolonisiert worden sei.[22] Die Problematik ihrer streng an den Zahlenangaben in Platons Atlantis-Bericht orientierten These war der engagierten britischen Archäologin durchaus bewusst, denn sie macht gleich mit den ersten Zeilen des Vorworts zu ihrem Buch klar, dass sie in dem Werk ihre ganz persönliche Überzeugung wiedergibt, die keineswegs von den Kollegen geteilt wird und niemanden entmutigen soll, an eher orthodoxen wissenschaftlichen Ansichten über die Steinzeitkultur in jener Region festzuhalten. Sie versichert zudem, dass sie auch keinen ihrer Kollegen bedrängt hat, ihre Theorie über Atlantis zu übernehmen. Elena Whishaw glaubt zwar an Platons Atlantis-Geschichte, meint aber – abweichend vom Text des berühmten griechischen Philosophen –, dass die Atlanter ihre ursprüngliche Heimat in Nordafrika wegen der zunehmenden Trockenheit und häufiger Vulkanausbrüche hatten verlassen müssen.[23]

Zu den bekanntesten Autoren, die nach Ignatius Donnelly über das Thema Atlantis geschrieben haben, gehört der österreichische Ingenieur und Hobby-Archäologe Otto Muck. Er behauptet, wie Donnelly, in seinem 1956 veröffentlichten Buch[24], dass die Insel Atlantis im Gebiet der Azoren lag. Die Hinweise auf die Katastrophe, die für den Untergang der Insel und andere gewaltige geologische und klimatische Ereignisse auf der Erde verantwortlich gewesen sein soll, sind nach Auffassung Mucks allerdings nicht bei den Azoren, sondern an der Ostküste Nordamerikas, in Nord- und Südkarolina, zu sehen. Muck glaubt, dass vor etwa 10 000 Jahren ein Asteroid von etwa zehn Kilometern

Durchmesser explodiert und auf der Erde eingeschlagen ist und in den beiden Bundesstaaten der USA jene Krater verursacht hat, die heute, teils mit Wasser gefüllt, für die Region so charakteristisch sind. Der Hauptteil des Asteroiden stürzte nach Muck in den Atlantik, riss den Meeresboden in einer Länge von 4000 Kilometern auf, erzeugte Flutwellen und gewaltige Regenfälle. Große Mengen von Magma wurden aus dem Erdmantel herausgeschleudert. Durch den enormen Magmaverlust im Atlantik sackten die Kontinentalplatten Amerikas und Europas zur Mitte des Ozeans hin ab und rissen die Insel Atlantis mit.

Als wichtigen Hinweis auf eine kosmische Katastrophe als Auslöser für den Untergang von Atlantis sieht Muck die griechische Sage von Phaeton, dem Sohn des Sonnengottes Helios, an. Er hatte den Sonnenwagen seines Vaters bestiegen, konnte jedoch die vier Rosse nicht bändigen, kam von der Bahn ab und stürzte in schlingernder Fahrt brennend in den Okeanos. Sogar ein genaues Datum für die Katastrophe hält der österreichische Hobby-Archäologe bereit: den 5. Juni 8498 v. Chr., mit dem nach seiner Auffassung die Zählung des Maya-Kalenders beginnt.

So faszinierend Mucks Darstellung klingt, widerspricht ihr doch die wissenschaftlich fundierte Sachlage. Unabhängig davon, ob es den Einschlag eines Asteroiden in der von Muck vermuteten Weise gegeben hat oder nicht, stellen Geologen und Ozeanografen immer wieder übereinstimmend fest, dass weder im Mittelatlantik noch speziell im Gebiet der Azoren während der letzten 10 000 Jahre eine Landmasse versunken ist. Vielmehr sind als Resultat vulkanischer Aktivitäten die Inseln in dieser Region noch gewachsen. Auch der Beginn der Zählung des Maya-Kalenders liegt nicht so weit zurück, wie Muck dies angibt. Nach heute übereinstimmend von den Maya-Experten vertretener Berechnung begann der Maya-Kalender am 13. August 3114 v. Chr.[25] Auch die Charakteristika der neun etwa 1600 Kilometer westlich von Lissabon liegenden Azoren-Inseln stimmen nicht mit der Beschreibung Platons überein. Ihre zahlreichen hohen Vulkane hätte der ägyptische Priester wohl kaum unerwähnt gelassen, als er die Atlantis-Geschichte seinem Gast Solon erzählte. Im Gegensatz zu den relativ nahe bei der afrikanischen Küste liegenden Kanarischen Inseln hat man auf den Azoren keine Spuren einer Urbevölkerung nachweisen können. Die Azoren befinden sich offenbar zu weit entfernt von den Küsten mitten im Atlantik, um für die Seefahrer der Antike erreichbar zu sein.

Eine ähnliche These zu Atlantis wie Otto Muck vertritt fast ein halbes Jahrhundert später sein Landsmann, der Wiener Geologe Alexander Tollmann. Zwar hat er sich nur am Rande mit der geografischen Lage und dem Untergang von Atlantis beschäftigt. Aber in seinem faszinierenden Buch über die Sintflut[26] behauptet Tollmann, dass Atlantis bei den Azoren gelegen habe und als Folge eines Kometeneinschlags im Atlantischen Ozean untergegangen sei. In seinem umfangreichen Werk, in dem der Wiener Geologe sehr detailliert zu beweisen sucht, dass etwa um 7545 v. Chr. ein in sieben Fragmente zerbrochener mächtiger Komet weit gestreut in verschiedenen Ozeanen einschlug und neben anderen katastrophalen Geschehnissen auch die Sintflut auslöste, bestätigt er die antiken Schriftsteller, die den Untergang der Insel Atlantis mit gewaltigen Erdbeben und einer großen Flut in Zusammenhang gebracht haben.

Tollmann glaubt, die Insel Atlantis habe sich »in grauer Vorzeit mitten im Atlantischen Ozean« befunden, in einer

Region also, die nach seiner Theorie ziemlich genau in der Verlängerung der von Südosten nach Nordwesten zielenden Einschlagsrichtung der Kometenfragmente im Südwestpazifik und im zentralen Indischen Ozean liegt. Den Einschlag eines Kometenfragments im Mittelatlantik, wenn auch nicht auf der Insel Atlantis selbst, sieht der Geologe deshalb als wahrscheinlich an, weil in einem großen Gebiet des mittelatlantischen Rückens bei den Azoren eine Störung im sonst regelmäßigen Verlauf des Magnetstreifenmusters am Ozeanboden nachgewiesen ist. Dieses Magnetstreifenmuster wurde dem Ozeanboden beim Abkühlen des aus dem Grabenbruch austretenden Basalts entlang dem mittelatlantischen Rücken durch die dabei erfolgende neue Magnetisierung der Eisenminerale aufgeprägt. Bei einem Kometeneinschlag würde dieses Streifenmuster aufgrund der enormen Erhitzung der betroffenen Region teilweise ausgelöscht werden.

Als weiterer Hinweis auf die einstige Existenz von Atlantis im Mittelatlantik führt Tollmann die »verblüffenden etymologischen und kulturellen Gemeinsamkeiten der Altkulturen beiderseits des Atlantiks, von den Azteken und Tolteken bis zu den antiken Völkern im Mittelmeerraum« an. Folgerichtig identifiziert Tollmann auch »Aztlan«, die in den Mythen erwähnte Heimatinsel der Azteken, als das frühere Atlantis. Für ihn stellt Atlantis die »vorsintflutliche Weltkultur« dar, deren wenige Überlebende die Kunde von der schrecklichen Katastrophe weitergegeben haben.

Auf den ersten Blick mag die Theorie des Wiener Geologen faszinierend klingen. Doch ungeachtet der zahlreichen von ihm angeführten Indizien für eine gewaltige kosmische Katastrophe und deren unterschiedliche Auswirkungen bleibt er nicht nur den klaren wissenschaftlichen Beweis schuldig, dass diese Katastrophe tatsächlich im 8. Jahrtausend v. Chr. stattgefunden hat. Seine Einschätzung der Wirkung dieses Ereignisses – wenn es denn überhaupt stattgefunden hat – ist auch unrealistisch. Die von ihm beschriebenen Kometeneinschläge und ihre Folgen können nicht so massiv gewesen sein, dass nur »fünf bis zehn Prozent der Menschheit überlebte«. Ein derartiger Verlust an Menschenleben hätte sich in den genetischen Daten der Menschheit in ähnlicher Weise widerspiegeln müssen wie zum Beispiel nach dem Ausbruch des Toba-Vulkans auf Sumatra vor 74 000 Jahren. Die Folge des Ausbruchs dieses Supervulkans[27] bestand nicht nur darin, dass er eine gewaltige Caldera von 70 mal 30 Kilometern hinterließ. Durch diesen Ausbruch gab es auch gigantische, mit Schwefel angereicherte Ascheregen noch in großer Entfernung, eine lange andauernde Blockade der Sonneneinstrahlung sowie einen enormen Temperatursturz (um fünf Grad regional und um 15 Grad in mittleren Breiten). Die unmittelbar folgende dramatische Abnahme der Bevölkerungsdichte lässt sich an der Reduzierung der genetischen Vielfalt ablesen. Ein derartiger Effekt ist für das 8. Jahrtausend v. Chr. nicht zu erkennen. Tollmann ignoriert zudem, dass die Menschheit in jener fernen Epoche noch nicht das hohe kulturelle Niveau erreicht haben konnte, das sie unter anderem befähigt hätte, das offene Meer weit entfernt von den Küsten mit Schiffen zu befahren, wie Platon in seinem Bericht erzählt. Vielmehr ging die Schiffbautechnik im Mesolithikum nicht über die Herstellung und Nutzung von Einbäumen und Fellbooten hinaus, mit denen die Menschen der damaligen Zeit sicher auch die See in Küstennähe befuhren. Der Untergang von Atlantis kann auch deshalb nicht zu einer so frühen Zeit erfolgt sein, weil es damals noch keine »Athener« gab, die gegen die atlantischen Krieger hätten kämpfen können. In ähnlicher Weise gilt diese Kritik mit Blick auf die von Tollmann zitierten Flut-Überlieferungen der Germanen, deren Ursprung der Wiener Geologe ebenfalls dem 8. Jahrtausend v. Chr. zuordnet. Diese Überlieferungen sind jedoch offenkundig auf die geografischen und meteorologischen Bedingungen des nördlichen Mitteleuropa bezogen, können also erst entstanden sein, als die indoeuropäischen Völker, zu denen die Germanen gehören, in diesem Gebiet lebten. Dies war allerdings erst im Laufe der ersten Hälfte des 3. Jahrtausends v. Chr. der Fall.[28] Das historische Geschehen muss sich also viel später abgespielt haben, als der Wiener Geologe annimmt. Darüber hinaus ist die von Tollmann gewählte Beschreibung der Lage der Insel Atlantis »mitten im Atlantik« eine willkürliche und unzulässige Ergänzung des Textes von Platons Atlantis-Bericht. Platon hat in seinem Bericht diesen Ausdruck nicht verwendet. Der antike Gelehrte spricht vielmehr lediglich davon, dass sich die Insel »außerhalb der Meerenge, welche ihr in eurer Sprache die Säulen des Herakles nennt«, befunden hat. Aus den nachfolgenden geografischen Beschreibungen Platons lässt sich unschwer erkennen, dass die Insel nicht allzu fern vom europäischen bzw. afrikanischen Festland gelegen haben muss. Auch der Zusammenhang von Atlantis mit der in den Mythen der Azteken erwähnten Insel »Aztlan« überzeugt nicht.

Gleichwohl treffen wir auf Thesen und Theorien, die Atlantis noch viel weiter weg von den europäischen Küsten des Atlantik lokalisieren. So vertrat der amerikanische Sprachforscher und Abenteurer Charles Berlitz, der sich fast sein ganzes Leben lang mit rätselhaften Phänomenen und Geheimnissen beschäftigte, die Ansicht, Atlantis sei identisch mit der Bahama-Bank, die vor dem Ende der letzten Eiszeit noch über dem Meeresspiegel gelegen habe.[29] Berlitz zeichnet in seinem Buch das Bild einer atlantischen Zivilisation, die möglicherweise nicht durch eine kosmische Katastrophe, sondern an ihrer eigenen, außer Kontrolle geratenen Technik zugrunde gegangen sei. Auch für ihn stellt Atlantis die Ur-Zivilisation dar, die allen anderen Völkern ihre Errungenschaften übermittelt habe. Berlitz glaubt fest daran, dass eine regelmäßige Steinformation, die sogenannte »Straße von Bimini«, die sein Freund Manson Valentine im September 1968 bei einer der Bahama-Inseln entdeckt hatte, Reste eines Bauwerks aus der Zeit von Atlantis seien.

Wenngleich die Bahama-Bank, ein Gebiet von der Größe Großbritanniens, in der Tat vor dem Ende der letzten Eiszeit über dem Meeresspiegel lag, ließen sich bis heute keine Siedlungsspuren nachweisen, die auf eine höhere Kultur hindeuten. Die sogenannte »Straße von Bimini« stellte sich bei näherer Prüfung durch Geologen als Ergebnis eines Jahrtausende währenden natürlichen Zusammenspiels von Wind, Wellen und Kalkablagerungen heraus.

Berlitz blieb dennoch nicht der einzige Forscher, der die These propagierte, das Gebiet der Bahama-Bank sei mit Atlantis identisch. Eine der bekanntesten gesellschaftlichen Vereinigungen in den USA, die *Cayce Foundation*, ist inzwischen zur zentralen Organisation der Atlantisforschung geworden, die neben einer Privatuniversität auch die umfangreichste Sammlung von Büchern und Schriften über Atlantis besitzt.

Edgar Cayce (1877–1945), der die Organisation ins Leben gerufen hat, besaß die Fähigkeit, sich in Trance zu versetzen und in diesem Zustand Krankheiten bei Menschen zu diagnostizieren, die viele Hundert oder Tausend

Kilometer entfernt lebten. Aus seinen zahlreichen Diagnosen, die Edgar Cayce über einen Zeitraum von mehr als 20 Jahren erstellte, ging hervor, dass viele der von ihm befragten Menschen einst in Atlantis gelebt hatten. Für manche seiner Patienten stellte Cayce sogar eine mehrfache Inkarnation fest, denn Atlantis existierte nach seiner Auffassung bereits 50 000 Jahre v. Chr. Etwa 28 000 Jahre v. Chr. sei Atlantis in mehrere Teile zerbrochen und um 10 000 v. Chr. in einer Flut- und Erdbebenkatastrophe im Meer versunken.[30] Was die Thesen von Cayce in den USA populär machte, war die scheinbare Bestätigung seiner Prophezeiung, dass Überreste von Atlantis um das Jahr 1968 in der Nähe von Bimini entdeckt würden, in dem Jahr also, in dem der Freund von Charles Berlitz die seltsame Steinformation fand, die sich aber später als natürliche Erscheinung herausstellte.

Trotz der fehlenden Belege für die Theorien von Charles Berlitz, Edgar Cayce und anderen hat der britische Publizist Andrew Collins die Atlantis-Forschung in neuer Weise aufgegriffen und auf der Grundlage antiker, aber auch späterer Quellentexte die Karibik-These wiederbelebt.[31] Er kommt nach der Analyse der zahlreichen antiken Texte, der Schriften von Historikern und Geografen aus den zurückliegenden 2500 Jahren zu der Schlussfolgerung, dass die Überlieferungen über das untergegangene Atlantis auf einen realen geografischen Ort verweisen, der im Gebiet der Karibik zu suchen ist. Um seine Darstellung schlüssig erscheinen zu lassen, muss Collins allerdings einige Annahmen und Interpretationen wagen, die der Realitätsprüfung nicht standhalten. So sieht er die von Platon beschriebene Insel Atlantis als eine große Landmasse. Damit könne der griechische Gelehrte nur ein Gebiet jenseits des Ozeans, in der Nähe von

Nordamerika gemeint haben. Die drei Inseln Kuba, Hispaniola und Puerto Rico hält Collins für Überreste von Atlantis, das er mit dem »Aztlan« der aztekischen Schöpfungsmythen gleichsetzt. Er glaubt, eine Untermauerung für diese These auch in den Sintflutlegenden zu finden, die die Eingeborenen den spanischen Entdeckern erzählt haben. Danach seien die Antillen einst zu einer einzigen Landmasse verbunden gewesen, doch habe sie eine gewaltige Katastrophe in verschiedene Bruchstücke zerschlagen.[32] Doch selbst wenn die bisherigen geologischen Untersuchungsergebnisse bestätigt werden, dass die Cay-Sal-Bank zwischen Kuba und der Bahama-Insel Andros etwa um 8000 v. Chr. relativ schnell im Meer versunken ist[33], beweist dies noch keinen Zusammenhang mit Atlantis. Auch die Hinweise amerikanischer Geologen auf den Einschlag von Bruchstücken eines Kometen im Atlantischen Ozean und auf dem amerikanischen Kontinent[34] und dessen Reflektion in den Legenden der Eingeborenen von der Feuerschlange, die auf die Erde herabgestürzt sei und die gewaltige Flut verursacht habe, beweist nicht, dass Atlantis mit Kuba oder einer anderen Karibik-Insel identisch ist.

Die Argumentation des britischen Publizisten kennzeichnet vielmehr die Neigung, eine eigene, von den Angaben Platons deutlich abweichende Geografie und Geschichte zu kreieren. Das von Platon in seinem Bericht erwähnte »seichte Meer« bei der Insel Atlantis deutet Collins als die Sargasso-See. Die nach dem Untergang der Insel vorhandenen Untiefen und Schlammbänke weisen aus seiner Sicht auf Kuba und die Bahamas hin. Und die in Platons Beschreibung über die zahlreichen herrlichen Früchte, die es auf dieser Insel gegeben habe, erwähnte Baumfrucht, die »Trank, Speise und Öl liefert«, wird von Collins als Kokosnuss interpretiert, was seine Karibik-These zu rechtfertigen scheint.

Insgesamt lassen jene Autoren, die von der Annahme ausgehen, dass die Zivilisation von Atlantis bereits 10 000 oder 12 000 Jahre vor unserer Zeit oder noch eher untergegangen sei, auch die Frage unbeantwortet, wie denn die Erinnerung, das Wissen, die technischen und kulturellen Errungenschaften der Atlantischen Zivilisation die lange Zeit vom 10. oder 8. Jahrtausend v. Chr. bis zur »Wiedergeburt« der Zivilisationen der Antike im späten 4. Jahrtausend v. Chr. hätten überdauern können. Zwar gibt es einige Außenseiter, die das Problem zu umgehen suchen, indem sie behaupten, die großen ägyptischen Pyramiden und vor allem die Sphinx seien nicht erst im 3. Jahrtausend v. Chr. durch die Ägypter, sondern bereits weit vorher durch die Atlanter errichtet worden.[35] Sie glauben einfach nicht daran, dass gewöhnliche Ägypter des Alten Reichs ein solches Werk vollbracht haben könnten, das uns heute noch in Erstaunen versetzt. Dabei argumentiert insbesondere der Amateur-Archäologe John Anthony West, dass die Verwitterungsstrukturen an einigen Stellen der Sphinx von herabrinnendem Wasser herrühren, also auf eine Bauzeit hinweisen, in der es in Ägypten noch heftige, längere Regenfälle gab. Dies legt nach West ein Datum um etwa 10 000 v. Chr. nahe. Doch können die charakteristischen Verwitterungsstrukturen auch durch herabrieselnden Sand verursacht worden sein, zumal die Sphinx im Laufe der Jahre mehrfach durch Sand zugeweht und wieder freigeschaufelt wurde. Im Übrigen stimmen die Sphinx, die Chephren-Pyramide, der Taltempel und der Sphinxtempel nicht nur in Stil, Bautechnik und Material überein. Sie sind auch aufeinander bezogen, wobei besonders bedeutsam ist, dass die Steine des

Taltempels aus dem Sphinxbecken stammen und der Sphinxtempel aus technischen Gründen erst nach dem Taltempel
gebaut wurde.[36] Auch die von Graham Hancock und Robert Bauval mit der Ausrichtung des Pyramiden- und Sphinx-
komplexes nach bestimmten Sternen und Sternbildern be-
gründete Datierung auf 10 500 v. Chr. erscheint aus der
Luft gegriffen.

In eine ganz andere Richtung führt die Atlantis-Interpretation des griechischen Seismologen Angelos Galanopoulos.[37] Er behauptet, dass Atlantis mit der Ägäis-Insel Thera,
dem heutigen Santorini, und das Atlantische Reich mit
dem Reich der Minoer identisch ist. Galanopoulos sieht
anhand der uns von der Minoischen Kultur überlieferten
Fresken eine große Übereinstimmung von Minoern und
Atlantern, wie Platon sie beschreibt. Die in Platons Bericht
erwähnte fruchtbare Ebene grenzte nach Galanopoulos nicht
an die Inselhauptstadt, sondern muss auf der Insel Kreta
gesucht werden, wo noch heute die Ebene von Messara als
sehr fruchtbar gilt. Um seine Interpretation »passend« zu
machen, verlegt der Gelehrte die »Säulen des Herakles« weit
nach Osten und behauptet, sie seien in Wahrheit die östlichen und westlichen Vorgebirge, welche die Wasserstraße
zwischen dem Golf von Lakonia und dem Mittelmeer mar-
kieren. Zur Begründung führt Galanopoulos an, der Schau-
platz einiger der zwölf berühmten »Arbeiten des Herakles«
für Eurystheus, den mythischen König von Tiryns, sei die
Peloponnes im Süden Griechenlands gewesen. Er lässt dabei bewusst außer Acht, dass Herakles der Überlieferung
nach seine zehnte und elfte Arbeit bei Gades im Süden der
Iberischen Halbinsel, wo er die Rinder des Geryon holte,
sowie jenseits des Atlasberges in Marokko, wo er die Goldenen Äpfel der Hesperiden mitnahm, also jenseits der Meer-

enge von Gibraltar vollbracht haben soll. Im Übrigen hätte Platon Atlantis gewiss nicht als atlantische Insel bezeichnet, wenn diese Insel nach seiner Auffassung innerhalb des Mittelmeeres gelegen hätte.

So interessant die Thesen des griechischen Seismologen auch sein mögen, stehen doch wesentliche Aussagen des Atlantis-Berichts Platons in klarem Widerspruch zu dem, was wir über die Insel Thera und die Kultur der Minoer wissen. Abgesehen davon, dass die Insel Atlantis in jedem Fall jenseits der »Säulen des Herakles«, also nach uraltem griechischem Verständnis jenseits der Straße von Gibraltar, und nicht innerhalb des Mittelmeers zu suchen ist, war die Geschichte der Minoer den Griechen, aber auch den Ägyptern gut bekannt. Spätestens seit dem Beginn des 2. Jahrtausends v. Chr. unterhielt Ägypten enge Beziehungen zu den Minoern.[38] Eine Verwechslung seitens der gelehrten Ägypter in Sais erscheint daher so gut wie ausgeschlossen. Der freundliche Vorwurf des ägyptischen Priesters gegenüber Solon, die Griechen wüssten sehr wenig über ihre eigenen Vorfahren, würde mit Blick auf die Minoer kaum einen Sinn ergeben. Im Übrigen sind die Insel Thera und die auf ihr liegende minoische Stadt Akrotiri nicht »in einem Tag und in einer Nacht voller Schrecken« im Meer versunken, sondern zwischen 1642 und 1628 v. Chr., und nicht um 1500 v. Chr. – wie noch Galanopoulos meint – durch einen gewaltigen Vulkanausbruch zerstört worden. Der Ausbruch des Thera-Vulkans muss sich über einen längeren Zeitraum vorbereitet und angekündigt haben, denn man fand bei den Ausgrabungen weder menschliche noch tierische Hinterlassenschaften. Selbst Haushaltsgegenstände scheinen die Bewohner beim Verlassen der Insel mitgenommen zu haben.

Die Vulkankatastrophe von Thera hatte nicht nur durch eine Flutwelle und Ascheregen spürbare Auswirkungen bis in das östliche und südliche Mittelmeer. Sie richtete auch auf anderen Inseln, die zum Minoischen Reich gehörten, wie zum Beispiel auf Kreta, erhebliche Schäden an, führte jedoch nicht zu dessen unmittelbarem Untergang. Vielmehr blieben die Minoer noch über hundert Jahre nach dem Ausbruch des Vulkans die dominierende Macht im östlichen Mittelmeer. Auch nach dieser Katastrophe bestanden Handelsbeziehungen der Minoer mit Ägypten, wenngleich nicht in der früheren Intensität. Den Ägyptern war der Vulkanausbruch wohlbekannt, und wäre Atlantis mit Thera identisch, hätte der ägyptische Priester in seinem Bericht gegenüber Solon den Untergang der Insel Atlantis sicherlich anders beschrieben.

Mit einer ähnlich kühnen Interpretation des Atlantis-Berichts wie der griechische Seismologe Galanopoulos überraschte der Schweizer Geologe Eberhard Zangger, der sich selbst als Geoarchäologe bezeichnet, im Jahre 1992 die Öffentlichkeit, als er Atlantis mit Troja – gemeint ist hier jene Siedlung, die von den Archäologen »Troja VIIa« bzw. in neuester Zeit »Troja VIi« genannt wird – gleichsetzte. In zwei danach veröffentlichten Büchern[39] bietet er nichts weniger als eine suggestive Deutung der Kriege und der großen Umwälzungen in der Ägäis und im östlichen Mittelmeerraum um 1200 v. Chr.: den Untergang des Hethiter-Reiches, den Niedergang der mykenischen Kultur, die Zerstörung Trojas und die Invasion der sogenannten Seevölker. In den Augen Zanggers war Troja das Zentrum eines mächtigen Reiches und einer eigenständigen Kultur an der Schiffspassage zum Schwarzen Meer, dessen Einflussgebiet den Nordwesten Kleinasiens, Südthrakien und das Marmarameer umfasste. Der Machtkampf um die Kontrolle wichtiger Handelsrouten und Erzlagerstätten führte seit der zweiten Hälfte des 13. Jahrhunderts v. Chr. immer wieder zu Kriegen mit den Nachbarn, vor allem aber mit den mykenischen Herrschern Griechenlands. Zu diesen Auseinandersetzungen zählt Zangger auch die sogenannte Seevölkerinvasion. Sie sieht er nicht, wie die Archäologen, die sich mit dieser Thematik besonders intensiv beschäftigt haben, von fremden oder heimatlos gewordenen Völkern ausgehen, sondern von einer westanatolischen Allianz unter Führung Trojas. Die Sorge vor der wachsenden Macht Trojas ließ die mykenischen Herrscher Griechenlands in einem gemeinsamen Feldzug um 1180 v. Chr. nach Kleinasien segeln, um eine Entscheidung in ihrem Sinne herbeizuführen.

Wenngleich die epochalen Veränderungen im Gebiet der Ägäis und im östlichen Mittelmeerraum zeitlich und geografisch auch heute noch nicht leicht zu überschauen sind, sollte man nicht, wie Zangger, versuchen, die fehlenden wissenschaftlich fundierten Erkenntnisse durch Eingebungen zu ersetzen. Vor allem ignoriert der Schweizer Geologe, dass die entscheidenden Schlachten gegen die sogenannten Seevölker zu Lande und zur See von den Ägyptern, nämlich von Pharao Ramses III., und nicht von den »Athenern« geschlagen worden sind. Die Inschriften auf den Säulen und Wänden des Tempels in Medinet Habu im oberägyptischen Theben geben darüber Auskunft. Warum hätte der ägyptische Priester gegenüber dem griechischen Staatsmann Solon denn die Athener für Taten rühmen sollen, die von den Ägyptern selbst vollbracht wurden? Die Geschichte des Kampfes um Troja war allen gebildeten Griechen bestens bekannt. Zudem übersieht Zangger bei seiner Gleichsetzung von Atlantis und Troja, dass die kleinasiatische Siedlung eben nicht jenseits der »Säulen des Herakles« liegt. Um diese Tatsache zu umgehen, behauptet er, ursprünglich seien zwei Orte als »Säulen des Herakles« bekannt gewesen, zum einen das Säulenpaar am Ausgang zum Atlantik und zum anderen die Hügel bei den Dardanellen, der Passage zwischen dem Mittelmeer und dem Schwarzen Meer. Doch gibt es in der griechischen Antike keinen Hinweis auf diese Interpretation. Die zweifellos bedeutende Stadt Troja war auch nicht durch Erdbeben und eine gewaltige Flut untergegangen, wie Platon von Atlantis berichtet. Auch die geografische Ausdehnung des Atlanter-Reiches wird von Platon völlig anders beschrieben.

Zangger ist jedoch nicht der einzige Außenseiter, der die Atlantis-Geschichte mit der Seevölkerinvasion in der Zeit um 1200 v. Chr. verbindet. Bereits Anfang der 1950er-Jahre löste der friesische Pastor Jürgen Spanuth eine heftige Debatte mit seiner Behauptung aus, die Atlanter seien das Volk aus dem Bernsteinland und Atlantis habe bei Helgoland gelegen.[40] Spanuth sieht als Quelle des Atlantis-Berichts die Inschriften und Reliefs auf dem Tempel in Medinet Habu im oberägyptischen Theben, wo Pharao Ramses III. seinen siegreichen Kampf gegen die Seevölker ausführlich darstellen ließ. Nach der Interpretation des friesischen Pastors haben die weisen Priester von Sais diese Tempelinschriften über die damals etwa 600 Jahre zurückliegenden Ereignisse zur Grundlage genommen und dem griechischen Staatsmann Solon vorgetragen.

In der Tat berichten die Inschriften und Reliefs von dem Angriff einer großen Koalition fremder Völker auf Ägypten. Hierzu gehören Völker wie die »Tjehenu« und die »Lebu«, die westlich von Ägypten beheimatet waren, Tyrrhener aus

Italien, die »Keftiu« und die »Peleset« aus Kreta und einige Völker aus Kleinasien. Auch werden in den Inschriften die »Neun-Bogen-Völker« genannt, deren Heimat Spanuth in den äußersten Norden, nach Norddeutschland, verlegt. Als wichtige in den Reliefs dargestellte Hinweise auf die Herkunft der Invasoren wertet der Pastor die von den Kriegern getragenen Hörnerhelme und den charakteristischen Kopfputz sowie die von ihnen benutzten Griffzungenschwerter, die mit Klinge und Griff aus einem Guss unter anderem auch in Mittel- und Nordeuropa hergestellt wurden. Nach Spanuth waren die Niederlagen, die Ramses III. den Seevölkern bereitete, nicht so gravierend, dass diese völlig vernichtet wurden. Die mehrfach Geschlagenen hätten sich erneut sammeln können und einen Angriff auf Athen gewagt, wo sie dann endgültig besiegt worden seien. Den im Atlantis-Bericht erwähnten »Oreichalkos« interpretiert Spanuth als Bernstein, das sich in der Tat bei 300 Grad Celsius verflüssigt und dann wie Lack auf einen Untergrund aufgetragen werden kann. So erklärt der friesische Pastor die in Platons Bericht enthaltene Vorstellung, die Atlanter hätten ihre Königsburg auf diese Weise verziert.

Gegen Spanuths Idee, dass die Atlanter mit den Seevölkern identisch seien, gelten dieselben grundsätzlichen Einwände wie gegen die Thesen des Schweizer Geologen Zangger. Zum einen gibt es auf eine entscheidende Schlacht der Athener gegen die Atlanter in der fraglichen Zeit, also um 1200 v. Chr., keinen Hinweis. Selbst wenn diese stattgefunden hätte, würden die Priester in Sais wohl kaum die ägyptischen Verdienste um die Abwehr der Invasoren verschwiegen haben. Zum anderen kannten die gebildeten Griechen den Kontext der Seevölkerinvasion dieser Epoche und hätten sicher nicht von den ägyptischen Priestern »belehrt« werden müssen. Die von den Weisen in Sais beschriebenen historischen Ereignisse müssen vielmehr erheblich weiter zurückgelegen haben, als die Erinnerung der griechischen Besucher reichte. Auch die von Spanuth in den äußersten Norden verlegte Heimat der sogenannten »Neun-Bogen-Völker« entspricht nicht den tatsächlichen Verhältnissen. Mit diesem Begriff bezeichneten die Ägypter schon weit vor Ramses III. alle Feinde Ägyptens.[41] Deren Sprachen waren den Ägyptern zumeist aus früheren Kontakten hinreichend bekannt, sodass die in den Inschriften aufgezeichneten Verhöre der Gefangenen viele Einzelheiten zutage förderten. Auf völlig fremdartige, etwa nordische bzw. germanische Sprachen findet sich darin kein Hinweis.

Wenn Spanuth auch eine der Kernaussagen des Atlantis-Berichts anerkennt, dass Atlantis außerhalb des Mittelmeers gelegen hat, geht er mit seiner Behauptung, die sagenhafte Insel bei Helgoland zu lokalisieren, doch weit über eine sinnvolle Interpretation des Textes von Platon hinaus. Zudem fehlt nicht nur für die von dem griechischen Gelehrten erwähnte Flut- und Erdbebenkatastrophe in der Nordsee jeder Beweis. Auch die von Platon beschriebene subtropische Vegetation in Atlantis hat es im Gebiet der Nordsee nicht gegeben.

So reich an Informationen Platons Atlantis-Bericht aus dem 4. Jahrhundert v. Chr. auch ist, so fantasievoll gehen manche moderne Autoren mit den Angaben des antiken Gelehrten um. Mithilfe der überraschenden Interpretation, dass die berühmten »Säulen des Herakles« nicht mit der Meerenge von Gibraltar, sondern mit dem Gebiet zwischen Sizilien und Nordafrika identisch seien, führt uns Axel Hausmann, der sich nach eigenem Bekunden mit baugeschichtlichen Studien beschäftigt, nach Malta als den

wahren Ort der Insel Atlantis.[42] Dort habe sich das kulti-
sche Zentrum der Atlanter befunden. Die Hauptstadt von
Atlantis lag nach Hausmann auf einem kreisförmigen, nunmehr unter Wasser liegenden Hügel nahe bei der heutigen
Stadt Syrakus. Die von Platon beschriebene Ebene von
Atlantis erstreckte sich danach im Südosten von Sizilien
etwa 130 Meter unter der heutigen Meeresoberfläche als
»Plateau von Malta«. Sie wurde durch ein Grabensystem
künstlich bewässert, dessen Überreste sich auf der Insel
Malta in Gestalt der dort vorgefundenen »Spurrillen« erhalten haben. Die heutige Insel Malta betrachtet Hausmann
als Überrest einer im 4. Jahrtausend v. Chr. mit Sizilien
verbundenen Insel, die durch eine gewaltige Überflutung
im Frühjahr 3481 v. Chr. zu großen Teilen im Mittelmeer
versank. Als Ursache dieser von starken Erdbeben begleiteten Katastrophe vermutet der Autor den plötzlichen Durchbruch der Wassermassen des Atlantik durch die damals
angeblich von einer großen, etwa 30 Kilometer breiten
Sanddüne verschlossene Meerenge von Gibraltar. Hausmann behauptet in diesem Zusammenhang, dass der Meeresspiegel des Atlantischen Ozeans vor dem Durchbruch im
Jahre 3481 v. Chr. etwa 150 bis 200 Meter höher gelegen
habe als der des Mittelmeers.

Wie manche andere Autoren, die sich mit dem Atlantis-
Rätsel beschäftigt haben, geht auch Hausmann davon aus,
dass Atlantis die Ur-Zivilisation gewesen ist, von der die
späteren Hochkulturen entscheidende Impulse erhalten haben. Einigen Atlantern, so Hausmann, sei es gelungen, der
Katastrophe zu entkommen und mit ihren Schiffen Kreta,
Ägypten und die östliche Mittelmeerküste zu erreichen, wo
sie als Kulturbringer auftraten. Hausmann vermutet in diesem Zusammenhang sogar, dass die Sumerer als Flüchtlinge

aus Atlantis gekommen seien und die Grundlagen der Schrift mitgebracht hätten.

Während die von Axel Hausmann vertretenen Thesen über Atlantis sicherlich zu den fantasievollsten gehören, bei denen der Autor besonders häufig von willkürlichen Annahmen und Änderungen der Texte Platons Gebrauch gemacht hat, suchte der deutsche Historiker Adolf Schulten nach Spuren des untergegangenen Reiches der Atlanter im südlichen Spanien.[43] Schulten vermutete einen Zusammenhang mit der sagenhaften Stadt Tartessos, die unter dem Namen Tarschisch auch in der Bibel erwähnt wird. Dort bezeichnet man sie als »die fröhliche Stadt, die sich ihres Alters rühmt«. Ihre Handelsleute werden »Bewohner der Insel« genannt.[44] Und König Salomo soll alle drei Jahre gemeinsam mit König Hiram von Tyros Schiffe nach Tarschisch geschickt haben, die Gold und Silber nach Hause brachten.[45]

Immerhin erscheinen solche Parallelen mit Atlantis, wie zum Beispiel die Insellage, verblüffend. Zudem soll nach den geografischen Hinweisen von Platon einer der atlantischen Herrscher »den äußersten Teil der Insel, von den Säulen des Herakles bis zu der Gegend, welche jetzt die gadeirische heißt«, erhalten haben. Dieser alte Name für das südliche Andalusien wird in der Tat von der phönizischen Handelsniederlassung Gadir, der heutigen Stadt Cadiz an der spanischen Atlantikküste, abgeleitet.[46] Der angesichts bedeutender Vorkommen an Gold, Silber und Kupfer im Gebiet des Rio Tinto und in der Sierra Morena sagenhafte Reichtum von Tartessos und seine Handelsverbindungen bis in das östliche Mittelmeer sind wissenschaftlich belegt, doch gab es deshalb schon einen Zusammenhang mit Atlantis?

Adolf Schulten war es nicht mehr vergönnt, seine unmittelbar nördlich der Kleinstadt Sanlucar de Barrameda begonnenen Grabungen an der Mündung des Guadalquivir erfolgreich durchzuführen. Spätere Ausgrabungen spanischer Archäologen förderten dagegen reichhaltige Ergebnisse über die Besiedlung der Region am Unterlauf des Guadalquivir zutage.[47]

Ziehen wir nach den bisher skizzierten Interpretationen der Überlieferung Platons und deren Vergleich mit grundlegenden historischen, geografischen und geologischen Fakten eine erste Bilanz, so gibt es offensichtlich noch keine zufriedenstellende Antwort auf die Frage nach dem realen Kern von Atlantis. Wenngleich neben einigen Amateur-Archäologen und Außenseitern erfahrene Wissenschaftler wie Adolf Schulten, Angelos Galanopoulos und Alexander Tollmann mit ihren Abhandlungen manche interessante These zur Lösung des Atlantis-Rätsels vorgelegt haben, müssen wir auch hier festhalten, dass die jeweils angebotene Zusammenschau von nicht ganz Gesichertem und kühnen Interpretationen kein stimmiges Gesamtbild liefern konnte, bei dem alle Komponenten nahtlos zueinanderpassen. Diesen Kriterien ist bis heute keine der Arbeiten gerecht geworden. Die methodischen Fehler jener Autoren, die sich in der Vergangenheit mit dem Atlantis-Rätsel beschäftigt haben, sollten jedoch nicht davon ablenken, die Frage neu zu stellen.

BEFUNDE UND AKTUELLER FORSCHUNGSHORIZONT

Wenn man – wie die meisten Gelehrten – davon ausgeht, dass die in Platons Dialogen *Timaios* und *Kritias* enthaltene Überlieferung über Atlantis wenigstens in ihren wesentlichen Zügen ein tatsächliches Geschehen widerspiegelt, erscheint es sinnvoll, mit Spürsinn und wissenschaftlicher Skepsis zugleich die Suche nach einer Antwort auf die seit dem 4. Jahrhundert v. Chr. offene Frage nach der Lokalisierung und der zeitlichen Einordnung von Atlantis fortzusetzen. Dabei lehrt uns die aus den bisherigen Abhandlungen gewonnene Erfahrung, dass die genaue Beachtung des von Platon verfassten Textes sowie seine Beurteilung vor dem Hintergrund der geologischen und geografischen Fakten und unseres gesicherten historischen Wissens die größte Chance bietet, einer Lösung des Problems näher zu kommen.

Gerade mit Blick auf den Text des Berichts wirkt es schon etwas befremdlich, dass noch im letzten Viertel des 20. Jahrhunderts, ja selbst in unseren Tagen Wissenschaftler verschiedener Disziplinen von der Möglichkeit ausgehen, Platons Atlantis sei mit Troja oder dem minoischen Kreta identisch oder Malta sei ein Überrest der einst im Zentrum des Mittelmeers gelegenen Insel Atlantis. Zwar könnte Platon seinen Bericht über die Atlanter in mancherlei Hinsicht ausgeschmückt und die kulturellen Leistungen dieser Menschen idealistisch überhöht haben, um bei seinen Lesern ein besseres Verständnis zu finden. Doch sollte es angesichts der lapidaren geografischen Angaben in Platons Bericht keinen Zweifel daran geben, dass die versunkene Insel nirgendwo anders als jenseits der Meerenge von Gibraltar im Atlantischen Ozean gelegen hat. Die Frage ist nur, wo genau in diesem Ozean.

Noch schwieriger erscheint es, die zeitliche Einordnung und damit auch die Identität jener Kultur zu klären, die der griechische Gelehrte in seinen berühmten Dialogen beschreibt. Diese Schwierigkeit hängt vor allem damit zusammen, dass Platon in seinem Atlantis-Bericht zum einen von Ereignissen spricht, die 9000 Jahre vor dem Besuch des Athener Staatsmanns Solon in Ägypten stattgefunden haben sollen, und zum anderen das Leben der Atlanter in einer Weise schildert, die eher an die charakteristischen Lebensumstände antiker Gesellschaften im 12. Jahrhundert v. Chr. erinnert. Hierzu hat der weit über sein eigenes Fachgebiet hinausdenkende Physiker Helmut Tributsch die bisher wohl bemerkenswerteste und anregendste Arbeit vorgelegt.[48]

Helmut Tributsch vertritt die Ansicht, dass sich die Atlantis-Geschichte, die ägyptische Priester ihrem griechischen Gast Solon erzählt haben, auf die vor-indoeuropäische Megalithkultur Europas bezieht. Die große Kultstätte von Carnac in der Bretagne sieht der vielseitige Physiker und Experte für Luftspiegelungen als die Hauptstadt, das Zentrum von Atlantis an. In dem unmittelbar benachbarten Gavrinis glaubt er den Ort der Königsburg von Atlantis zu erkennen. Und die große fruchtbare Ebene, von der im Atlantis-Bericht die Rede ist, entspricht nach Tributsch der französischen Tiefebene mit ihren Flüssen Loire, Dordogne und Garonne. Den Untergang des Atlantischen Reiches versteht der Physiker als die epochale Niederlage der Megalithkultur im Zuge des Vordringens der Indoeuropäer nach Mittel- und Westeuropa um die Mitte des 3. Jahrtausends v. Chr.

Helmut Tributsch kommt zu der im Grundsatz richtigen Identifikation von Atlantis als vor-indoeuropäischer Megalithkultur Europas, weil er – anders als die übrigen Autoren, die sich mit diesem Thema beschäftigen – die Frage stellt, in welchem zeitlichen Rahmen man suchen muss, um das von den ägyptischen Priestern geschilderte Geschehen historisch korrekt einzuordnen. Dass der von den gelehrten Ägyptern des frühen 6. Jahrhunderts v. Chr. gegenüber ihrem griechischen Gast lobend erwähnte Kampf der ältesten Vorfahren Solons gegen die Atlanter nicht 9000 Jahre vor dem Besuch des Athener Staatsmanns in Sais stattgefunden haben kann, ist vor dem Hintergrund unseres heutigen Wissens über die Anfänge der ägyptischen und der Frühzeit der griechischen Kultur offensichtlich. Da im Atlantis-Bericht selbst in klaren Worten darauf hingewiesen wird, dass der Krieg zwischen den Atlantern und den Athenern wie auch der Untergang der Insel Atlantis durch Erdbeben und eine gewaltige Flut in die Zeit des Anfangs der Zivilisation in Ägypten fallen, folgert Helmut Tributsch zu Recht, dass hier ein Missverständnis zwischen Ägyptern und Griechen über die Geschichtsdaten vorliegt. Im Übrigen kann die Tatsache, dass eine bedeutende Kultur im »fernen Westen« zur Zeit der Frühdynastischen Periode (ca. 3000 – ca. 2700 v. Chr.) und bis in die Epoche der ersten beiden Dynastien des Alten Reiches (ca. 2700 – ca. 2500 v. Chr.) der Ägypter existierte, als ein klarer Beweis dafür gelten, dass Platons Atlantis-Bericht nicht »erdichtet« wurde, sondern auf Wahrheit beruht. Das Wissen der Ägypter über diese Kultur ist auch nicht ungewöhnlich, weil sie wichtig erscheinende Ereignisse bereits in frühester Zeit schriftlich festhielten und den jeweils nachfolgenden Generationen übermittelten.[49] Dazu gehörten offenbar nicht nur die Regierungszeiten der Pharaonen, sondern schon in frühester Zeit auch Aufzeichnungen über Feldzüge, Expeditionen und Handelsbeziehungen. Wir müssen uns in diesem Zusammenhang vor Augen halten, dass gerade Handelsbeziehungen und die damit verknüpften Kenntnisse schon lange vor der Gründung des Alten Reiches der Ägypter eine bemerkenswerte Reichweite hatten. So sind zum Beispiel Handelsbeziehungen bereits für die Negade-II-Kultur (3500–3200 v. Chr.) in Oberägypten erkennbar, da hier neben Gold und Silber auch Lapislazuli aus Afghanistan verarbeitet wurde, der wahrscheinlich über Zwischenhändler in das Nil-Tal kam. Vergleichbare Handelsbeziehungen und damit – wenn auch lückenhafte – Kenntnisse von fremden Ländern und Völkern hatten die im Nil-Tal lebenden Herrschaftseliten der Negade-III-Kultur (3200–3000 v. Chr.), die bereits in die Frühdynastische Periode des ägyptischen Staates überleitete. Diese Epoche kennzeichnet zugleich die Entwicklung der frühen Hieroglyphenschrift und etwa um 3000 v. Chr. eine neue Qualität der Geschichtlichkeit.[50] Auf die schriftlichen Überlieferungen über die Hauptereignisse (Bildteil, Abb. 2) während der Herrschaft der ersten Könige konnten die ägyptischen Gelehrten der Saitenzeit offenbar zurückgreifen, als sie das Bild der Megalithkultur im »fernen Westen« vor dem griechischen Staatsmann Solon ausbreiteten.

Wenngleich die Grundthese von Helmut Tributsch – die Gleichsetzung von Atlantis mit der vor-indoeuropäischen Megalithkultur – richtig ist, muss seine Annahme, die Atlanter hätten eine Fata-Morgana-Religion gehabt, weil die großen Megalithstätten vornehmlich in Gegenden angelegt wurden, die beeindruckende Luftspiegelungen begünstigten, keineswegs stimmen. Auch widerspricht seine

Behauptung, die legendäre Insel, das Machtzentrum von Atlantis, habe bei Carnac in der Bretagne gelegen, wesentlichen Angaben des Atlantis-Berichts. Zwar würde dieser Ort die Bedingung erfüllen, jenseits der Säulen des Herakles zu liegen. Doch ist dieser Ort weder vollständig im Ozean versunken, wie dies der Bericht eindeutig aussagt, noch passt er zu den Beschreibungen, die uns Platon über das politische Zentrum von Atlantis überliefert hat: In und um Carnac gibt es die roten, schwarzen und weißen Felsen nicht, die der ägyptische Priester so eindrucksvoll schildert. Die subtropische Vegetation und die außergewöhnliche Fruchtbarkeit, von der im Atlantis-Bericht gesprochen wird, ist für die Bretagne und ihr Hinterland genauso wenig charakteristisch wie das Vorkommen heftiger Erdbeben, das für den Untergang der Insel so bedeutsam gewesen sein soll. Außerdem fehlen in Carnac die im Atlantis-Bericht erwähnte Bergkette, die vor dem Nordwind schützt, sowie die kalten und warmen Quellen. Zudem übersieht Tributsch, dass der Namensgeber für Atlantis, der Titan Atlas, nach den mythischen Vorstellungen der Griechen nicht in der Bretagne, sondern in weit südlicheren Regionen der Atlantikküste angesiedelt ist.

Auch im Hinblick auf die historische Einordnung der vor-indoeuropäischen Megalithkultur weist die Atlantis-Interpretation von Helmut Tributsch einige Irrtümer auf. So ist Atlantis nicht die »wahre Ur-Zivilisation«[51], die den späteren Kulturen ihre Errungenschaften übermittelt hat. Bedeutende Kulturleistungen gab es vielmehr völlig unabhängig von der vor-indoeuropäischen Megalithkultur schon früher in anderen Regionen der Welt. Und die Vorstellungen über den Ablauf der kriegerischen Auseinandersetzungen zwischen der vor-indoeuropäischen Bevölkerung und den nach Westen vordringenden Indoeuropäern, die Helmut Tributsch vermittelt, entsprechen nicht dem heutigen Forschungsstand. Diese Auseinandersetzungen begannen im Übrigen schon früher, als er in seiner Arbeit unterstellt. Doch schmälert dies keineswegs den Wert seines Beitrags zur Atlantis-Thematik. Man muss dem Physiker schließlich zugute halten, dass ihm die seit Mitte der 80er-Jahre des 20. Jahrhunderts gewonnenen Erkenntnisse auf vielen für die Lösung des Atlantis-Rätsels wichtigen Gebieten nicht zur Verfügung standen.

Entscheidend bleibt trotz aller Widersprüche, Irrtümer, Fehler und fantasievollen Interpretationen die wichtige Erkenntnis von Helmut Tributsch, dass der ägyptische Priester in Sais im frühen 6. Jahrhundert v. Chr. seinem griechischen Gast Solon die Geschichte vom Untergang der vorindoeuropäischen Megalithkultur erzählt hat, dessen Zeugen die Ägypter des Alten Reiches gewesen sind. Die Frage, ob Atlantis ein Staat war, ist dabei zweitrangig. Die Alten Ägypter stellten sich dies so vor – wohl von der eigenen Erfahrung ausgehend. Selbst wenn die Überlieferung der Ägypter nicht in allen Punkten stimmen mag, so waren die Grundbedingungen für die Existenz eines wohlorganisierten Gemeinwesens am Atlantischen Ozean vorhanden: Es gab eine sesshafte, zahlreiche Bevölkerung und angesichts der sehr günstigen Umweltbedingungen eine vielfältige Nahrungsmittelproduktion. Eine gewisse Arbeitsteiligkeit in der Gesellschaft und bemerkenswerte technische Fertigkeiten sind unbestritten. Die enormen Leistungen der Atlantischen Megalithkultur weisen im Übrigen darauf hin, dass es auch Herrschaftsinstitutionen gegeben haben muss, die das Funktionieren der Gesellschaft über viele Generationen hin-

weg unabhängig von der Lebenszeit einzelner Personen er-
möglichte.

Helmut Tributsch bietet auch eine schlüssige Erklärung
dafür, wie der von Platon genannte frühe Zeitpunkt – 9000
Jahre vor dem Besuch Solons in Ägypten – für den Krieg
zwischen den Atlantern und den ältesten Vorfahren der
Athener sowie für den Untergang von Atlantis Eingang in
die geschichtlichen Überlieferungen gefunden haben könnte.[52] Den Schlüssel für das Missverständnis im Hinblick auf
die zeitlichen Angaben zu dem katastrophalen Geschehen
sieht Tributsch wohl zu Recht in der Vorgehensweise des
griechischen Historikers Herodot, als dieser anlässlich seiner Ägyptenreise versuchte, die Erzählungen der Priester
über ihr Land zeitlich einzuordnen. Um das Jahr 450 v. Chr.,
also mehr als ein Jahrhundert nach dem Besuch Solons im
saitischen Ägypten, beschreibt Herodot in seinen berühmten *Historien* das Land der Pharaonen und beschäftigt sich
dabei mit dessen Ursprüngen und einzelnen Episoden, die
sein besonderes Interesse fanden. So erklärt Herodot im
zweiten Buch seiner *Historien* zu den in Ägypten erhaltenen
Informationen:

»Was ich bisher berichtete, haben mir Ägypter und Priester erzählt. Und sie zählten mir vor, vom ersten König bis
hin zu diesem Priester des Hephaistos, der zuletzt regierte,
dreihundert und einundvierzig Generationen von Menschen, so viel kämen zusammen, und in denen seien es
ebenso viele Oberpriester und Könige gewesen, beide genau
gleich viele. Nun sind dreihundert Generationen von Menschen so viel wie zehntausend Jahre, denn drei Generationen machen hundert Jahre. Die einundvierzig übrigen Generationen, die zu den dreihundert hinzukamen, machen
eintausend und dreihundert und vierzig Jahre.«[53]

Diese Aussage Herodots erscheint in der Tat aufschlussreich. Die Ägypter haben ihm offenbar ihre Geschichte nicht in Jahren, sondern in Königsgenerationen übermittelt, und der griechische Historiker rechnete für drei Generationen hundert Jahre. So gelangt er zu jenen enormen zeitlichen Dimensionen, die nach unseren heutigen Erkenntnissen nicht stimmen, aber von den Lesern Herodots noch Jahrhunderte nach ihm unkritisch hingenommen wurden, da sie keine genauen Vorstellungen über das Alter und die geschichtlichen Abläufe der verschiedenen Kulturen hatten. Es ist sehr wahrscheinlich, dass die Priester in Sais ihrem Gast Solon die Zahl von etwa 270 Pharaonengenerationen genannt haben, als sie ihm erzählten, wie lange der Krieg der Atlanter gegen die Athener und der anschließende Untergang der Insel Atlantis zurücklag. Nach der Umrechnungsmethode, die auch noch ca. 130 Jahre später, zur Zeit Herodots, in Griechenland üblich war, musste Solon daher auf jene 9000 Jahre kommen, die uns Platon in seinen Dialogen überliefert und die später für erhebliche Zweifel an der Echtheit seiner Atlantis-Geschichte gesorgt hat.

Im Widerspruch zu der willkürlichen Annahme der Griechen für die durchschnittliche Regierungszeit der Pharaonen werden die ägyptischen Priester sicherlich gewusst haben, dass die Regierungszeiten ihrer Könige sehr unterschiedlich und meist recht kurz waren, selten mehr als 30 Jahre erreichten und in manchen geschichtlichen Perioden – so zum Beispiel von der 13. bis 17. Dynastie, aber auch schon vor der 12. Dynastie – mehrere Pharaonen gleichzeitig in unterschiedlichen Teilen des ägyptischen Reiches ihre Herrschaft ausübten.[54] Wer zu einer wirklichkeitsnahen Einschätzung der durchschnittlichen Regierungszeit der Pharaonen gelangen will, wird die Paralleldynastien berücksichtigen und die Zahl der von den ägyptischen Priestern genannten Könige, die nacheinander regiert haben, deutlich reduzieren müssen. Ohne diese Paralleldynastien haben nach unserem heutigen Wissensstand etwa 310 Pharaonengenerationen in kontinuierlicher Folge zwischen der Reichsgründung und dem Besuch Herodots in Ägypten um 450 v. Chr. regiert.

Das für die Anfangsphase der ägyptischen Geschichte wichtigste »Datum«, von dem die ägyptologische Forschung ausgeht, ist das der »Vereinigung der Beiden Länder«, die nach derzeitigem Kenntnisstand um 3000 v. Chr. stattfand. Der Überlieferung nach kamen damals zwei eigenständige Länder, im südlichen Nil-Tal und im Nil-Delta, also Ober- und Unterägypten, unter die Herrschaft eines Königs, und zwar desjenigen von Oberägypten, den Herodot Menes nennt. Nachdem Menes die nördlichen Nachbarn in einer Schlacht besiegt hatte, wurde er zum »Herrn der Beiden Länder«. Auf einer Prunkpalette aus grünem Schiefer, die man im Horus-Tempel von Hierakonpolis fand und die heute im Ägyptischen Museum in Kairo ausgestellt ist, wird eine solche Eroberung dem König Narmer zugeschrieben, der nach den heutigen Erkenntnissen der Forschung mit Menes identisch ist.[55] Wenngleich die unterschiedliche Schreibweise des Namens dieses Königs für eine gewisse Unsicherheit sorgt, da für denselben Herrscher einmal der Horusname, dann der Geburtsname, der auf die beiden Schutzgöttinnen Ober- und Unterägyptens (Nebti, »die beiden Herrinnen«) bezogene Name, der sogenannte Gold-name (früher »Goldhorus«-Name) oder der eigentliche Thronname verwendet wurde, gehen die meisten Ägyptologen davon aus, dass Pharao Menes eine historische Persönlichkeit war.[56]

Die Ägypter verehrten Menes – auf Ägyptisch Meni – schon Jahrhunderte vor Herodot als ihren ersten historischen Pharao. Die Herrscher-Chronologie aus der Ramessiden-Ära beginnt mit einem Gründer-König namens Meni. Die berühmteste Niederschrift dieser Chronologie findet sich an den Wänden des Tempels von Pharao Sethos I. (1290–1279 v. Chr.) in Abydos (Bildteil, Abb. 3). Eine weitere Chronologie aus der gleichen Epoche ist der *Papyrus Turin*, dessen Aufzeichnungen wohl weitgehend auf dem »Palermostein« – dem Fragment eines in der 5. Dynastie aufgerichteten Steins mit eingeritzten Annalen – fußen. Diese Aufstellung beginnt ebenfalls mit Meni als erstem historischen Pharao, führt aber zusätzlich die vorherige Herrschaft der Götter und Halbgötter auf. Und auch die von dem ägyptischen Priester und Historiografen Manetho im 3. Jahrhundert v. Chr. verfasste, aber nur teilweise in Abschriften überlieferte Geschichte nennt Menes als den ersten Pharao, der dem letzten der vorher in Ägypten herrschenden Halbgötter auf den Thron folgte.[57] Darüber hinaus weist auch Manetho ausdrücklich auf die in manchen Phasen der ägyptischen Geschichte häufig gleichzeitige Herrschaft mehrerer Pharaonen hin. Die moderne Wissenschaft der Ägyptologie, die Geschichte und Kultur des Alten Ägypten erforscht, hat sich diese Sichtweise im Großen und Ganzen zu eigen gemacht.[58]

Wir können also feststellen, dass zwischen der ägyptischen Reichsgründung um 3000 v. Chr. und Herodots Besuch in Ägypten um 450 v. Chr., also in der Zeit der 27. Dynastie, nicht 11 340 Jahre, wie Herodot auf der Grundlage der ihm von den Priestern genannten Pharaonengenerationen meint, sondern etwa 2550 Jahre vergangen sind. Dies entspricht bei der Berücksichtigung der geringeren

Zahl von Pharaonen, die nacheinander den Thron innehatten, einer durchschnittlichen Regierungszeit von etwa siebeneinhalb bis acht Jahren. Wenden wir diese Erkenntnis auf die Atlantis-Geschichte an, die der Athener Staatsmann Solon von seinen ägyptischen Gesprächspartnern erfahren hat, so gelangen wir zu einem Ergebnis, das der historischen Realität ziemlich nahe kommen dürfte. Solons Besuch in Sais fand um das Jahr 580 v. Chr. statt. Wenn der berühmte Athener Staatsmann denselben Umrechnungsfehler begangen hat wie etwa 130 Jahre später der griechische Historiker Herodot – und davon müssen wir ausgehen –, dann entsprechen die von ihm überlieferten 9000 Jahre für die Zeit vom Untergang der Insel Atlantis bis zu seinem Besuch in Ägypten jenen 270 Pharaonengenerationen, die ihm die Priester wohl nannten. Die Großtaten seiner ältesten Vorfahren und der Untergang von Atlantis dürften, berechnet nach der durchschnittlichen Regierungszeit der Pharaonen von etwa siebeneinhalb bis acht Jahren, tatsächlich nur ca. 2080 Jahre zurückgelegt haben und würden damit etwa in die Zeit um das Jahr 2660 v. Chr. fallen.

Wir befinden uns nach der aufgezeigten Berechnung in einer historischen Epoche, in der die Ägypter – neben den Sumerern – über einen gut organisierten Staat, eine bemerkenswerte technische Leistungsfähigkeit und eine ausgebildete Schrift verfügten, die es ihnen erlaubte, nicht nur die bedeutsamsten politischen, religiösen und wirtschaftlichen Grundlagen und Tätigkeiten festzuhalten, sondern auch die Erinnerung an die verschiedenen Kulturen im Mittelmeerraum und deren Interaktionen aufzuzeichnen und an nachfolgende Generationen weiterzugeben. Die Megalithkultur Europas, die ihr Zentrum und ihren Ausgangspunkt am Atlantischen Ozean hatte und immer stärker in den Mittelmeerraum vordrang, war den Ägyptern offenbar schon vor Beginn des Alten Reiches ebenso bekannt wie der erste Ansturm indoeuropäischer Völker nach Westeuropa, bei dem die Vorfahren der Griechen nach den Schilderungen der ägyptischen Priester, wie sie der Atlantis-Bericht Platons wiedergibt, eine große Rolle spielten.

Die Lösung des Rätsels

Atlantis – die Atlantische Megalithkultur

1. Ursprünge und früheste Siedlungen der Atlanter

Nach den heutigen Erkenntnissen der Archäologie hat sich die Megalithkultur Europas in jenen Regionen am Atlantik herausgebildet, in denen wir eine bemerkenswerte Anzahl von Siedlungen aus dem späten Mesolithikum vorfinden, die eine gewisse Beständigkeit aufweisen: im Südwesten der Iberischen Halbinsel.[59] Hier hatte der dramatische Wandel der klimatischen Bedingungen in den ersten vier Jahrtausenden nach der letzten Eiszeit eine Flora und Fauna hervorgebracht, die für neue Strategien der Nahrungsmittelproduktion außerordentlich günstig waren. Bis zu dieser Epoche finden wir in diesem Gebiet, wie auch in anderen Regionen Westeuropas, Jäger- und Sammlergesellschaften vor, die auch danach nicht sofort völlig verschwanden. Doch nun gingen immer mehr Gruppen von Menschen dazu über, ein sesshaftes Leben anzunehmen, ihre Herden domestizierter Schafe, Ziegen, Schweine und Rinder in lokal begrenzten Gebieten zu hüten und in der unmittelbaren Umgebung ihrer Siedlungsplätze Getreide (Weizen und Gerste) anzubauen.[60] Technologische Innovationen, zum Beispiel in der Bearbeitung und Nutzung von Stein und die verbesserten Fähigkeiten zur Herstellung von Keramik, trugen wesentlich dazu bei, dieser neuen Art des Lebens zum Durchbruch zu verhelfen. Im Verlauf dieses Prozesses vergrößerte sich nicht nur der jeweilige Lebensbereich der Gemeinschaften ständig. Auch die Komplexität der sozialen Strukturen der Gemeinschaften nahm deutlich zu. Neue religiöse Ideen und Vorstellungen kamen auf, die den inneren Zusammenhalt der Gemeinschaften förderten.[61] Angesichts der fundamental veränderten sozioökonomischen Rahmenbedingungen wuchs die Bevölkerung rasch und erwies sich bald in der Lage, die in ihrem klar umrissenen Siedlungsgebiet vorhandenen Ressourcen besser zu nutzen und ihre über die Sicherung der lebensnotwendigen Nahrung hinausreichende Energie in die Produktion schöner Gegenstände zu lenken. Dabei fallen neben Muschel- und Perlenketten (Variszit) die in großer Zahl gefundenen polierten Steinäxte auf. Sie dienten offenbar zum Austausch als Geschenke sowohl innerhalb der eigenen Gemeinschaft als auch zwischen den verschiedenen Gemeinschaften, um die sozialen Bindungen zu stärken und Netzwerke für den Transfer von Gütern, Ideen und Fertigkeiten zu knüpfen und aufrechtzuerhalten. Außer sehr sorgfältig gearbeiteten Äxten stellten die jungsteinzeitlichen Menschen Hacken, Werkzeuge und andere im Haushalt verwendbare Geräte her, die beeindruckende technologische und künstlerische Fähigkeiten widerspiegeln.

Die Ackerbau und Viehzucht treibenden, in der Töpferkunst zunehmend erfahrenen und über Mahlsteine zum Mahlen von Getreide verfügenden Menschen ließen sich jedoch nicht an den traditionellen Siedlungsplätzen der Jäger- und Sammlergruppen nieder, sondern bevorzugten das Land zwischen diesen Siedlungsplätzen. Die Fundstätten aus dieser, von etwa 6000 bis 5000 v. Chr. reichenden Periode der steinzeitlichen Kultur (Neolithikum I) konzentrieren sich auf die Flusstäler bzw. die Mündungsgebiete des Douro, des Tejo, des Sado, des Mira und des Guadiana sowie auf die Extremadura und die Algarve.[62] Hier waren die Bedingungen besonders vorteilhaft, um nicht nur mit relativ geringem Aufwand Nahrungsmittel zu produzieren. Der Fischfang an den Küsten des Meeres gab den Menschen auch Gelegenheit, sich mit den für die Entwicklung so notwendigen Omega-Fettsäuren ausreichend zu versorgen. In der folgenden Periode (Neolithikum II), die auf ca. 5000 bis 3400 v. Chr. datiert wird, errichteten die Menschen dieser Kultur in ihrem jeweiligen Siedlungsgebiet die ersten megalithischen Grabhügel. Sie schufen sich mit diesen monumentalen Bauten eine für alle Mitglieder der Gemeinschaft sichtbare Möglichkeit, beständig an die eigenen Vorfahren erinnern und demonstrieren zu können, dass sie zusammengehören, eine gewisse Identität besitzen und den Sied-lungsplatz als ihr Eigentum betrachten. In der von Ritualen begleiteten, sorgfältigen Beerdigung ihrer Toten spiegelt sich zudem der jeweilige Status der einzelnen Menschen wider. Dieses Verhalten unterstreicht, dass die Siedlungsgruppen bereits im 5. Jahrtausend v. Chr. einen hohen Grad von sozialer und ökonomischer Stabilität entwickelt hatten und die Beerdigung ihrer Toten als einen niemals endenden Prozess ansahen.[63] Die Grabhügel waren dabei nicht nur die sichtbaren Zeichen dafür, dass die Menschen der Megalithkultur das entsprechende Territorium als ständigen Besitz beanspruchten. Sie signalisierten mit den gewaltigen Bauten auch ihre Macht, diesen Anspruch gegenüber Fremden durchzusetzen.

Wenngleich wir bereits in dieser Zeit auf eine große

Vielfalt von Grabformen treffen, kristallisieren sich doch drei Grundtypen heraus: einfache Grabhügel (Dolmen), deren meist rechteckige Kammer aus großen Steinblöcken gebildet wurde; komplizierter konstruierte Ganggräber mit einem Eingangskorridor, der zu einer zentralen Kammer führte, und schließlich Felsengräber. Die weitaus meisten dieser Monumente gehören zum Typ der Ganggräber, wobei die bedeutendsten Zentren der Megalithbauten und ihrer Siedlungskomplexe in jenen Regionen lagen, die schon im Mesolithikum eine gewisse Anziehungskraft auf die steinzeitlichen Menschen ausgeübt hatten: an den Flüssen Tejo, Sado, Mira und Guadiana. Nach den heutigen Erkenntnissen sind die Ganggräber von Anta dos Gorginos und Poço da Gateira im Tal des Guadiana in Südportugal die ältesten Megalithbauten dieser Art. Ihre Entstehung wird auf etwa 4500 v. Chr. datiert.[64] Ähnliche Megalithgräber wurden nur wenig später, etwa 4400 v. Chr., in der Region von Carnac in Frankreich errichtet.

Über die vielfältigen und zum Teil gigantischen Grabbauten hinaus sind für die Atlantische Megalithkultur einzelne Menhire, Menhir-Felder und große Steinkreise charakteristisch. Während man einzeln stehende Menhire im gesamten Siedlungsraum der Megalithleute findet, treffen wir auf Steinkreise insbesondere in England, auf den Orkney-Inseln, den Äußeren Hebriden, in der Bretagne und in Marokko. Auf der Iberischen Halbinsel gibt es Steinkreise nur in Südportugal und in Andalusien (Hoyo del Gigante) bei Moron de la Frontera.

Die Tatsache, dass sich die frühesten Siedlungen der als »Atlantis« identifizierten Megalithkultur Europas in Südportugal und Südspanien befanden, schließt allerdings nicht aus, dass ein wichtiges Zentrum dieser Kultur auf der –

nach Platon – durch eine gewaltige Katastrophe untergegangenen Insel vor der Meerenge von Gibraltar gelegen
haben kann. Inwieweit das Auftreten der Megalithbauten
jener Art, die wir im Alentejo und an der Algarve vorfinden,
in anderen Küstenregionen des Atlantik, zum Beispiel in
der Bretagne, in England oder in Irland, von den Megalithleuten des südlichen Iberien direkt beeinflusst worden sind,
lässt sich nicht präzise feststellen. Der gelegentlich vertretenen These, dass die charakteristischen Grabformen und
Beerdigungsrituale durch »megalithische Missionare« über
die Küstenregionen Westeuropas verbreitet wurden[65], sollten wir jedoch mit Skepsis begegnen. Gleichwohl weisen
die Ähnlichkeit der Bauten und Beerdigungsgewohnheiten,
die weite Verbreitung von polierten Steinäxten und anderer
Artefakte darauf hin, dass es schon in der Ursprungsphase
dieser Kultur eine enorme Mobilität sowie rege Kontakte
zwischen den Menschen der verschiedenen Regionen am
Atlantischen Ozean gegeben haben muss. Das Meer wirkte
dabei nicht als trennendes, sondern als verbindendes, die
Grundideen dieser Kultur beschleunigendes Element – ein
Tatbestand, der den Archäologen erst in jüngster Zeit
bewusst geworden ist.

Im Hinblick auf den Einfluss der geografischen Gegebenheiten für die Entwicklung der Atlantischen Megalithkultur dürfen wir zudem nicht außer Acht lassen, dass sich
der Meeresspiegel im Zuge des Abschmelzens der Eiskappen
während der letzten 10 000 Jahre beträchtlich verändert
hat. Er war um 5000 v. Chr. etwa acht Meter, um 4000
v. Chr. etwa fünf Meter und um 3000 v. Chr. etwa drei
Meter niedriger als heute.[66] Die Küstenlinien haben daher
im Laufe dieser relativ langen Periode erhebliche Änderungen erfahren. Die immer weiter reichende Überflutung der

Flussmündungen war eine besonders dramatische Folge dieser Entwicklung. Bei den Menschen der Megalithkultur dürften neben dem Phänomen von Ebbe und Flut auch diese spezifische Macht des Meeres und die dynamische Beziehung von Land und See bleibenden Eindruck hinterlassen haben. Der Ozean prägte ihre Mentalität, beherrschte ihren Erfahrungshorizont, ließ sie schon früh sowohl dem unkontrollierbaren Wandel als auch den regelmäßigen Erscheinungen große Aufmerksamkeit zukommen. Die in der ungestümen Kraft des Meeres liegenden Gefahren und Herausforderungen erzwangen ein hohes Maß an Zusammenhalt und individueller Anstrengung. Es kam auch nicht von ungefähr, dass den Küsten vorgelagerte Inseln, die den Menschen als sichere Plätze, zur besonderen Verehrung ihrer Götter und als Zwischenstationen für ihre Seefahrten dienen konnten, enorme Bedeutung erlangten. Manche Inseln boten Schutz und Herausgehobenheit zugleich und verliehen den dort lebenden Menschen nicht selten eine ungewöhnliche Macht. Historische Berichte aus der Antike, aus der Römerzeit und dem Mittelalter zeigen dies immer wieder.

Hatten die meisten Fachgelehrten dank ihrer auf das Mittelmeer, den Nahen und Mittleren Osten fixierten Sicht den kulturellen Entwicklungen in den Gebieten am Atlantischen Ozean eher wenig Bedeutung beigemessen, schält sich doch seit einigen Jahren ein differenzierteres Bild der Geschichte heraus. So scheint der spezielle Charakter des Atlantik die Menschen in den Küstenregionen von Marokko bis nach Irland und Schottland nicht nur in besonderer Weise herausgefordert, auf verschiedenen Gebieten zu bewundernswerten Leistungen und zur Entwicklung zahlreicher Symbole ihrer Identität – gewaltige Steinbauten, in charakteristischer Weise verzierte Töpferwaren, polierte

Steinäxte etc. – angeregt zu haben. Vielmehr bot der Ozean unmittelbar vor den Küsten neben seiner Eignung als Verbindungsweg auch reiche Fischgründe, und das daran angrenzende fruchtbare Land gewährte den Menschen eine sichere Nahrungsgrundlage. Die Flüsse erlaubten dabei leichten Zugang tief in das jeweilige Hinterland. Mit Blick auf das kontinentale Europa haben sich den Megalithleuten hierdurch eine Reihe von wichtigen Routen eröffnet: Sie verliefen entlang der Seine, der Loire und der Garonne in Frankreich, folgten den Flüssen Mino, Douro, Tejo, Sado, Mira, Guadiana und Guadalquivir auf der Iberischen Halbinsel und finden sich schließlich in den Tälern des Loukkos und des Souss in Marokko. Wo See- und Flussrouten zusammentrafen, entstanden Zentren des Austausches von Waren, Ideen und Fertigkeiten, die offenbar schon zu früher Zeit große Anziehungskraft ausübten. Es ist insofern kein Zufall, dass die schon im frühen vierten Jahrtausend v. Chr. klar unterscheidbaren regionalen Zentren der Atlantischen Megalithkultur in jenen Gebieten zur Entfaltung kamen, die durch markante geografische Bedingungen hervorstachen. Die Küstengebiete Südportugals und Südspaniens, die Bretagne, der Südwesten Englands und der Süden Irlands fallen dabei ins Auge.

Ohne die Bedeutung der übrigen Regionen gering zu achten, lassen sich zwei herausragende Zonen erkennen, die bereits in der Entstehungsphase der Atlantischen Megalithkultur eine besondere Rolle spielten: ein südliches Kerngebiet, das vom Unterlauf des Tejo in Portugal bis zum Oued Souss in Marokko reichte und die Meerenge von Gibraltar einschloss, und ein nördliches Kerngebiet, das sich vom Shannon in Irland bis zur Loire in Frankreich erstreckte und den Englischen Kanal umfasste. Beide Kerngebiete

haben gemeinsam, dass sie den Zugang zu anderen maritimen Regionen beherrschten – zum Mittelmeer und zur
Nordsee bzw. Ostsee. Sie bildeten die Einfallstore für den
Austausch mit anderen Siedlungsgruppen und für die Ausdehnung des Einflusses der Küstenbewohner und eröffne-
ten die Möglichkeit, sich das dort vorhandene Netzwerk
maritimer Verbindungswege zu erschließen (Bildteil,
Abb. 4). Es überrascht in diesem Zusammenhang nicht,
dass die Atlantische Megalithkultur von der Region vor der
Meerenge von Gibraltar im Südwesten der Iberischen Halbinsel ihren Ausgang nahm. Dieser Siedlungsraum war –
abgesehen von der ausgezeichneten geografischen Lage – im
Vergleich zu dem nördlichen Kerngebiet durch besonders
vorzügliche geologische und klimatische Bedingungen einmal mehr begünstigt. Die dort anzutreffenden fast subtropischen Temperaturen ließen eine überaus reiche Flora und
Fauna entstehen. Der Boden in dem Gebiet zwischen dem
Unterlauf des Tejo und dem Mündungsgebiet des Guadalquivir war ungewöhnlich fruchtbar. Sein felsiger Untergrund besteht zumeist aus Kalkstein mit einer roten, an
Mineralien reichen Deckschicht, die von vulkanischen Gesteinen durchzogen ist. Diese natürlichen Gegebenheiten
waren geradezu ideal, um eine beständige Siedlung und
nachhaltige Entwicklung zu ermöglichen.

2. Ausdehnung und Struktur des
Siedlungsgebietes der Atlanter

Neben dem Reichtum der atlantischen Region vor der Meerenge von Gibraltar an Nahrungsmitteln, die eine sichere
Lebensgrundlage boten, scheint die besonders tief empfun-

dene Natur des Ozeans das Verhalten der Menschen wesentlich bestimmt zu haben. Die schiere Endlosigkeit des Ozeans und seine ungebändigte Kraft nötigten zu großem Respekt, forderten die Menschen aber auch zur Gegenwehr heraus, waren Ansporn für Erkundungsfahrten in der näheren Umgebung, ermutigten zu immer kühneren Unternehmungen, die schließlich ein stabiles Netzwerk von Beziehungen entstehen ließen. Darüber hinaus mag die tägliche Beobachtung des am Atlantik sehr ausgeprägten Rhythmus von Ebbe und Flut neben dem Zyklus von Tag und Nacht, der regelmäßigen Wiederkehr von Sonne, Mond und Sternen und dem Wechsel der Jahreszeiten dazu beigetragen haben, ein erhöhtes Bewusstsein der dort lebenden Menschen für die Bedeutung der Zeit zu entwickeln. Es ist wohl den spezifischen Umweltbedingungen am Atlantischen Ozean vor der Südwestküste Iberiens und der charakteristischen Reaktion der Menschen darauf zuzuschreiben, dass sich die Megalithkultur so rasch auf maritimen Wegen zunächst nach Norden, dann auch nach Osten in den Mittelmeerraum ausdehnte und an Beständigkeit gewann.

Über die im 4. und 3. Jahrtausend v. Chr. immer weiter entwickelten, den Küsten und den vorgelagerten Inseln folgenden maritimen Netzwerke wurden nicht nur die aus der Sicht der gesellschaftlichen Eliten wichtigen und begehrten Güter, wie zum Beispiel polierte Steinäxte, kunstvoll bearbeitete Schmucksteine, seltene Materialien und später, in der schon zur »Kupferzeit« zählenden Epoche zwischen 3000 und 2700 v. Chr., Gegenstände aus Kupfer und Gold, transportiert. Die entsprechenden Erzlagerstätten fanden sich an zahlreichen Stellen, beispielsweise bei Cerro Salomon de Rio Tinto in der Sierra de Aracena (Andalusien), bei Zambujal und Vila Nova de São Pedro (nördlich

Lissabon) und in der Gegend um Zambujeiro (bei Evora) sowie in der Sierra de Gador bei Los Millares in der Nähe von Almeria. Von diesen Regionen nahm die Metallurgie der Atlanter zu Beginn des 3. Jahrtausends v. Chr. ihren Ausgang.[67] Mit dem ständigen Austausch von Erfahrung und neuem Wissen bildete sich vielmehr ein lockeres Gefüge von Gemeinschaften heraus, die durch ein weitgehend einheitliches Glaubenssystem und durch charakteristische Verhaltensmuster miteinander verbunden waren.

Die in der ersten Hälfte des 5. Jahrtausends v. Chr. als ein eigenständiges Phänomen entstandene Megalithkultur Europas entfaltete sich im 4. Jahrtausend und erreichte ihre höchste Blüte etwa zwischen 2800 und 2700 v. Chr. Sie schuf im Laufe von 2000 Jahren zunächst an den Küsten des Atlantischen Ozeans, im nördlichen Mitteleuropa und schließlich bis nach Tyrrhenien, Sizilien, Malta und entlang der afrikanischen Mittelmeerküste bis nach Libyen nicht nur gewaltige Steinbauten, kultische Anlagen und Gräber, deren Monumentalität uns noch heute beeindruckt. Die allmähliche Ausdehnung dieser Kultur in den Mittelmeerraum verlief ziemlich genau so, wie sie der ägyptische Priester dem griechischen Staatsmann Solon beschrieb. Die Könige und Priester der ägyptischen Frühzeit (1. und 2. Dynastie) und des Alten Reiches (3. bis 6. Dynastie) mögen dabei durchaus den Eindruck gehabt haben, dass diese Ausdehnung der fremden Kultur für sie eine Bedrohung darstellte. Immerhin reichte der Einfluss der Megalithkultur fast bis an die Westgrenze Ägyptens. So findet man auch in den Aufzeichnungen über die Geschehnisse während der ersten Dynastien Berichte von Kriegszügen gegen libysche Stämme im Westen Ägyptens und Hinweise auf Handelsbeziehungen – einem Vorrecht des Königs in der damaligen Zeit

– zu fremden Völkern im Mittelmeerraum.[68] Die ägyptischen Herrscher hatten also gute Gründe, Näheres über die Megalithleute zu erfahren. Die vom ägyptischen Priester gegenüber dem griechischen Staatsmann Solon geäußerte Entrüstung über das Vorgehen der Atlanter macht die Darlegungen im Atlantis-Bericht auch deshalb glaubwürdig, weil dies dem Dogma des Herrschaftsanspruchs des ägyptischen Königs auch über die Grenzen Ägyptens hinaus entspricht. Denn die Erhaltung der »rechten Weltordnung« (Ma'at) war seine Aufgabe und Rolle.[69] Der »Staat« im Alten Ägypten beruhte auf einer mythologisch geprägten Konzeption, die im Grunde die gesamte Geschichte des Pharaonenreiches durchzieht. Sie begriff Ägypten als die von Gott bestimmte Mitte der Welt und sah jene Länder, die sich nicht in die vorgegebene Ordnung einfügten, als dunkles und bedrohliches Chaos an. Es gehörte daher zu den Pflichten des Pharao, gegen alle fremden Störenfriede vorzugehen. Kriege gegen alle Völker, die sich gegen diese rechte Weltordnung wandten, waren also mehr als nur eine historische Handlung und spiegeln sich folgerichtig in den alten Aufzeichnungen wider. Entsprechende Beispiele finden sich bereits in den sogenannten *Ächtungstexten* aus dem Alten Reich in Sakkara und sind auch in den *Pyramidentexten* des Mittleren Reichs belegt.[70] Die ägyptischen Herrscher werden durch ihre direkten oder indirekten Kontakte auch Kenntnis darüber erhalten haben, dass die Expansion der Megalithkultur nach Osten nicht reibungslos verlief, sondern gelegentlich auf massiven Widerstand stieß und schließlich mit dem Vordringen der Indoeuropäer in mehreren Wanderungswellen nach Westen ihr Ende fand.

Wenngleich sich in der Erzählung des ägyptischen Priesters in Sais über den Krieg der ältesten Vorfahren der Athener gegen die Atlanter nur ein kleiner Ausschnitt jener epochalen Ereignisse widerspiegelt, die die Ägypter der Frühzeit bzw. des Alten Reiches sicher nicht in ihrer vollen Breite und Bedeutung wahrnehmen konnten, war es ihnen doch wert, ihr Wissen darüber schriftlich festzuhalten. In diesem Zusammenhang mag es dahingestellt bleiben, ob ihre Vorstellung von zehn Königreichen der Atlanter und dem auf einer Insel jenseits der Säulen des Herakles liegenden Machtzentrum in allen Einzelheiten der Wirklichkeit entsprach. Angesichts der enormen territorialen Ausdehnung der vorindoeuropäischen Megalithkultur mit ihren auch heute noch deutlich erkennbaren unterschiedlichen regionalen Ausprägungen erscheint die ägyptische Vorstellung verständlich. Da die Ägypter seit der Frühzeit schriftliche Aufzeichnungen – wenn auch häufig nur in Kurzform – über wichtige politische Vorgänge machten und ihre Kenntnisse in der Priesterschaft weitergaben, könnte auch die Kunde über die erheblich ältere und mehrere Jahrhunderte parallel zu Ägypten existierende Atlantische Megalithkultur zumindest in ihrem Kern erhalten geblieben sein, bis der schon hochbetagte Priester in Sais sein Wissen dem griechischen Staatsmann Solon mitteilte.

In den Atlantis-Bericht mag durchaus manche Ausschmückung oder idealistische Überhöhung – durch den Priester in Sais, durch Solon oder durch Platon – Eingang gefunden haben. Betrachten wir aber den Kern der geografischen Beschreibung des »Atlantischen Reiches«, so erhalten wir doch ein recht konkretes Bild: »Auf jener Insel Atlantis nun bestand eine große und bewunderungswürdige Königsherrschaft, welche nicht bloß die ganze Insel, sondern auch viele andere Inseln und Teile des Festlandes unter ihrer Gewalt hatte. Außerdem beherrschte sie noch von den Ländern am Binnenmeer Libyen bis nach Ägypten und Europa bis nach Tyrrhenien.«[71]

Nach unseren heutigen archäologischen Kenntnissen stimmt die Verteilung der Baudenkmäler der Megalithkultur ziemlich genau mit den skizzierten Umrissen des »Atlantischen Reiches« überein (Bildteil, Abb. 5). Sowohl Marokko, die Iberische Halbinsel, Frankreich, Norddeutschland und Dänemark als auch alle Europa vorgelagerten Inseln wie England, Irland, die Hebriden und die Orkney-Inseln weisen zahlreiche grandiose Megalithbauten auf. Und innerhalb des Mittelmeeres finden wir entsprechende Bauten in Italien bis nach Tyrrhenien, auf den Inseln Sizilien, Malta und Gozo, auf den Balearen, auf Korsika und Sardinien[72] sowie an der afrikanischen Mittelmeerküste von Algerien bis Libyen.

Angesichts der unterschiedlichen Art und geografischen Konzentration der gewaltigen Steinbauten lassen sich zwar mit einiger Vorstellungskraft mehrere regionale Zentren der Megalithkultur erkennen. So könnten Marokko und der äußerste Südwesten der Iberischen Halbinsel zu jener Region des Atlantischen Reiches gehört haben, die nach dem Atlantis-Bericht dem König Atlas zugeteilt worden war. Insbesondere am Golf von Cadiz, zum Beispiel in der Region zwichen Huelva, Tharsis, Zalamea la Real, den Minas de Rio Tinto und Niebla, in Valencina de la Concepcion bei Sevilla und im südlichen Portugal, so unter anderem in Anta dos Gorginos, bei Poço de Gateira, in Zambujal bei Lissabon, in Castro da Cola, in Escoural, in Zambujeiro bei Evora, in der Nähe von Elvas, bei Raposeira, bei Salema und in Alcalar, nicht weit von Portimão, sowie bei Fiais, Cabeco do Pez, Palhota, Vidigal und Pedra Branca im Küstenbereich des Alentejo finden wir zahlreiche große Siedlungen mit herausragenden Megalithbauten vor. Dabei deutet die große Ähnlichkeit der in Südportugal und im äußersten Südwesten Andalusiens bisher ausgegrabenen Haushaltsgegenstände aus Keramik mit ihren charakteristischen Dekorationen auf das Vorhandensein einer spezifischen Gemeinschaft hin. Auf der anderen Seite der Meerenge gibt es bemerkenswerte Spuren der Atlantischen Megalithkultur in Marokko bis in das Gebiet um Marrakesch und in das Atlas-Gebirge hinein. Besonders markant sind in diesem Zusammenhang die Steinkreise und Grabhügel im Gebiet von Tanger bis Tetouan und Larache sowie bei Mezora. Der Südosten Spaniens mit seinen gewaltigen Megalithanlagen vom Guadalquivir über Alberite bei Villamartin und Moron de la Frontera, im Gebiet von El Gastor, bei Ronda und Antequera bis nach Los Millares bei Almeria könnte durchaus die zweite wichtige Region, das »gadeirische Land«, gewesen sein. Eine dritte Region könnte mit dem Nordwesten der Iberischen Halbinsel, unter anderem bei den Siedlungen Vila Nova de São Pedro, Chã da Parada, Chã de Satinhos, Outeiro de Gregos, Pena Mosqueira und Chã da Cruz (Portugal) und dem Norden Spaniens mit ihren Zentren in Dombate und Barbanza (Galizien) sowie Llaguna de Niévares (Asturien), Larrarte und Los Husos (Baskenland) identifiziert werden. Immerhin fällt eine gewisse Ähnlichkeit der Megalithbauten im nördlichen Portugal, Galizien, Asturien und im Baskenland auf. Eine vierte Region könnte Cantabrien, Altkastilien und Navarra mit ihren Megalithsiedlungen bei Pena Oviedo, Portillo de Enériz, Salamanca, Zamora, Burgos und Soria gewesen sein. Eine fünfte Region wird in Frankreich mit ihrem Zentrum in Carnac, bei Dissignac, Kercado und Barnenez gelegen haben. Weitere Regionen der Megalithkultur sind in Südengland (unter anderem Stonehenge, Avebury, Maumbury, West Kennet), in Schottland mit den Hebriden (unter anderem Callanish) und den Orkney-Inseln (unter anderem Quanterness, Skara Brae, Ring of Brodgar, Maes Howe), in Irland (unter anderem Knockiveage, Newgrange, Knowth, Dowth), in Dänemark (unter anderem Tustrup) und in Norddeutschland (unter anderem Visbecker Bräutigam) erkennbar. Die Zentren der Megalithkultur im Mittelmeerraum, von Italien (Tyrrhenien) und Sizilien bis Malta und von der Mittelmeerküste Marokkos über Algerien und Tunesien bis Libyen, werden im Zuge der Ausbreitung dieser Kultur nach Osten hinzugekommen sein. Sowohl die Megalithbauten in Italien, Sizilien und Malta als auch die Siedlungsspuren, Grabhügel und Steinkreise bei Bougie, in Kabylien und bei Beni Messous in Algerien sowie die Megalithanlagen bei Dougga und Maktar, bei Tebessa und in den Bergen des Djebel Fortas in Tunesien weisen auf eine regionale Zuordnung hin. Dabei dürfte eine intensivere Forschung in den nordafrikanischen Küstengebieten weitere Erkenntnisse über die Expansion der Megalithkultur zutage fördern. Da bisher nur relativ wenige Fundstellen mit Relikten aus der Jungsteinzeit untersucht worden sind, ist der Forschungsstand in den Maghreb-Ländern noch immer beklagenswert.[73]

Die Ähnlichkeiten der Grabformen, der Bestattung der Toten in Gemeinschaftsgräbern, der Art der eingravierten und gemalten Symbole und der genauen Kenntnis des Laufs der Gestirne unterstreichen in überzeugender Weise, dass es im 4. und 3. Jahrtausend v. Chr. sehr enge soziale Beziehungen zwischen den zahlreichen regionalen Gemeinschaften am Atlantischen Ozean und im westlichen Teil des Mittelmeeres gab. Wenngleich einige Siedlungskomplexe durch Besonderheiten herausragen, waren doch alle regionalen

Gemeinschaften Teil einer einzigen konkret fassbaren Kultur. Diese findet sowohl in den Bauten als auch in den künstlerischen Motiven und der Art der angewandten Technik seinen Ausdruck.[74] Wir können jedoch nicht sagen, ob die regionalen Siedlungskomplexe tatsächlich Königreiche waren, wie die Ägypter behaupten. Sicher ist, dass eine hierarchische Struktur, geistige Führung und eine wohlbegründete Motivation vorhanden gewesen sein müssen, um solche Steinbauten zu errichten. Zudem setzte die Errichtung der megalithischen Anlagen eine große Zahl von Menschen, eine gewisse Arbeitsteilung und ein für diese frühe Zeit beachtliches technisches Wissen voraus. Auch im Hinblick auf die Organisation der monumentalen Bauvorhaben mussten deren Schöpfer hohen Ansprüchen genügen. Es überrascht dabei nicht, dass sich die megalithischen Bauten angesichts ihrer Errichtung über sehr lange Zeiträume und ihrer enormen geografischen Verteilung, vom Norden Schottlands bis nach Marokko und von der Iberischen Halbinsel bis nach Malta und Libyen, in ihrer Architektur zuweilen deutlich unterscheiden. Doch daneben gibt es auch vieles, was diese Bauten miteinander verbindet: Die enormen Ausmaße der verwendeten Steine und ähnliche symbolische Zeichen, vor allem Kreise und Spiralen, fallen in dieser Hinsicht besonders ins Auge (Bildteil, Abb. 6 bis 8).

3. Die Baukunst der Atlanter

Bereits um die Mitte des 5. Jahrtausends v. Chr. errichteten die Megalithleute große Grabhügel aus Steinen und Erdreich mit sorgfältig angelegten Gängen und Kammern, in denen sie ihre Toten bestatteten und reiche Beigaben, wie zum Beispiel kunstvoll gearbeitete Idole, Perlenketten und polierte Steinäxte, hinterließen. Die bisher ältesten Grabhügel befinden sich in Portugal (Anta dos Gorginos, Poço da Gateira, etwa 4500 v. Chr.) und in der Bretagne (Carnac, Barnenez, Kercado, etwa 4400 v. Chr.). In Irland entstanden die ersten Anlagen dieser Art in Knockiveage um 3700 v. Chr., in England (Maumbury) um 3600 v. Chr., in Südfrankreich (Grotte des Fees) und auf Malta um 3500 v. Chr. Im Verlauf des 4. Jahrtausends v. Chr. errichteten die Megalithleute in vielen Regionen eine große Zahl monumentaler Bauten, die ein technisches Können widerspiegelten, das den Leistungen der Ägypter beim Bau der großen Pyramiden einige Jahrhunderte später in nichts nachstand. Man kann dies nicht nur an der Größe der Bauwerke ablesen. Einige Anlagen, wie etwa der Grabhügel von Saint Michel in Carnac, weisen noch heute eine Höhe von zehn Metern, eine Länge von 125 Metern und eine Breite von 60 Metern auf. Sein Inneres besteht aus einem lang gestreckten Kern aus Steinen. Sie bilden zwei große polygone Kammern, die von 13 kleinen Kammern umgeben sind.

Auch der Transport der bis zu 250 Tonnen schweren Steine über weite Strecken, die sorgfältige Bearbeitung der Steine und ihre wohlüberlegte Ausrichtung nach astronomischen Kriterien belegen das beeindruckende Können der jungsteinzeitlichen Menschen. Da die Kunde von den Leistungen der Atlantischen Megalithkultur gerade in einer Zeit nach Ägypten drang, als diese Kultur in ihrer höchsten Blüte stand, überrascht es nicht, dass die Bewunderung der Ägypter für deren herausragende Fähigkeiten im Atlantis-Bericht so deutlichen Ausdruck fand.

Es sind offenbar die Erscheinungsformen der Atlantischen Megalithkultur in der Epoche um etwa 2800–2700

v. Chr. gewesen, die das Bild der Ägypter von dem Machtzentrum im fernen Westen prägten. Dabei dürften der
enorme Umfang der Tempelanlagen und Grabhügel, die
Größe der verwendeten Steine und die kunstvolle Bearbeitung des Materials den nachhaltigsten Eindruck bei den
Ägyptern hinterlassen haben. Neben den großartigen Anlagen auf Malta, die einzelnen Ägyptern durch eigene Anschauung bekannt gewesen sein können, werden Berichte
über die gewaltigen Bauten in den verschiedenen Regionen
am Atlantik die ägyptische Herrschaftselite des frühen
3. Jahrtausends v. Chr. nicht weniger beeindruckt haben
und glaubwürdig erschienen sein. Und in der Tat erregen
die Relikte der Megalithanlagen etwa bei Zambujal in Portugal, bei Antequera und Los Millares in Spanien, Carnac in
der Bretagne, in Südengland, auf den Orkney-Inseln oder im
Boyne-Tal in Irland noch heute unsere Bewunderung.

So erstrecken sich zum Beispiel die Bauten im Boyne-Tal
über ein Gebiet von fünf Kilometern am Fluss entlang. Sie
werden von den drei gewaltigen Grabhügeln Knowth,
Dowth und Newgrange beherrscht, jeder etwa 85 Meter im
Durchmesser und bis zu elf Meter hoch. Ein besonders
herausragendes Beispiel megalithischer Baukunst bietet der
um 3400 v. Chr. errichtete Grabhügel von Newgrange, der
ca. 200 000 Tonnen Material umfasst. Ein 19 Meter langer,
von sorgfältig behauenen Steinen gesäumter Gang führt in
einen sechs Meter hohen, kreuzförmig angelegten Innenraum mit einem Kragsteingewölbe, das bis heute wasser-
dicht ist. Vor dem Eingang, an den Wänden des langen
Ganges, im Innenraum und rund um die Basis des Grabhügels sind mit Kreisen, Spiralen und Zickzack-Linien verzierte Steinplatten aufgestellt. Und betrachtet man die vier
Meter hohe Fassade des Grabhügels, so wird man sofort an

den Atlantis-Bericht erinnert: Die Fassade ist mit weißen
Quarzsteinen verziert, deren weithin leuchtende Oberflä-
che durch andersfarbige Steine eindrucksvoll unterbrochen
wird. Diese Art der Dekoration finden wir bei mehreren
megalithischen Bauwerken, etwa in Dissignac in der Bretagne, wenngleich hierbei auch anderes Steinmaterial benutzt
wurde.

Das im Atlantis-Bericht erwähnte, zur Dekoration wichtiger Bauten in besonderer Weise geeignete »Oreichalkos«
scheint jedoch nur auf der untergegangenen Insel Verwen-
dung gefunden zu haben. Wie der ägyptische Priester erzählt, soll das Säulen-Heiligtum auf Atlantis, bei dem sich
die Herrscher regelmäßig trafen, mit Oreichalkos verziert
gewesen sein. Die Frage, aus welchem Material dieser
Oreichalkos bestand, hat die Gelehrten bereits seit der Antike beschäftigt. Im Atlantis-Bericht selbst weist der ägyptische Priester darauf hin, dass die Atlanter außer »gediege-
nem und schmelzbarem Kupfer auch jenen Stoff aus dem
Boden gruben, der heute nur noch dem Namen nach bekannt ist, damals aber mehr war als nur ein Name, nämlich
den Oreichalkos; er hatte unter den damals lebenden Menschen nächst dem Golde den höchsten Wert«[75]. Aus dem
Griechischen übersetzt bedeutet Oreichalkos »Goldkupfer-
erz«. Diese Bezeichnung legt die Vermutung nahe, dass es
sich um ein als sehr wertvoll eingeschätztes Mineral handelt, das aus Gesteinen gewonnen und zur Verkleidung von
Wänden und Säulen verwendet werden konnte. Die von
manchen Wissenschaftlern vertretene Behauptung, Oreichalkos sei mit Bernstein zu identifizieren, kann schon
deshalb nicht stimmen, weil dieses Material den Ägyptern
und Griechen zu Solons und Platons Zeit durchaus bekannt
und gegen einen hohen Preis käuflich zu erwerben war.

Die im Atlantis-Bericht Platons enthaltenen Angaben zu dem geheimnisvollen, als Oreichalkos bezeichneten Material machen vielmehr deutlich, dass man dieses Erz in dem am Atlantischen Ozean liegenden Lande wie Gold, Kupfer und Silber aus dem Boden grub und dass es – darauf weist schon der Name hin – eine goldgelbe Farbe hatte. Und in der Tat gibt es abgesehen von Gold ein Mineral auf der Iberischen Halbinsel, auf das die Beschreibung durch den ägyptischen Priester zutrifft: Es handelt sich um Pyrit (Bildteil, Abb. 9), das unter anderem dort entsteht, wo Schwefelwasserstoff mit Eisen reagiert und zu Eisenbisulfid (FeS_2) wird. Dabei ist bemerkenswert, dass dieses schon dank seiner goldgelben Farbe beeindruckende Erz in einem weiten Bogen von Galizien im Norden bis Huelva im Süden der Iberischen Halbinsel vorkommt (Bildteil, Abb. 10) und auch tatsächlich von den Menschen der Atlantischen Megalithkultur insbesondere in deren Blütezeit, etwa zwischen 2800 und 2700 v. Chr., neben Gold, Silber und Kupfer aus dem Boden geschürft und bearbeitet wurde. Zwar liegt der Schmelzpunkt für Pyrit mit 1171°C etwas höher als der Schmelzpunkt für Gold (1064°C), Kupfer (1083°C) und Silber (962°C), doch dürfte es für die Megalithleute um 2800 v. Chr. wohl kein Problem gewesen sein, diese hohen Temperaturen zu erreichen, um die begehrten Metalle zu gewinnen. Angesichts der bis in das 5. Jahrtausend v. Chr. zurückreichenden Tradition, die in der Herstellung gebrannter Keramik ihren Ausgang nahm[76], hatten die Megalithleute zu Beginn des 3. Jahrtausends v. Chr. offenbar das Wissen erworben, wie man in den Feuerstellen besonders hohe Temperaturen erzielen konnte. Die großen metallurgischen Fähigkeiten der in der ausgehenden Steinzeit bzw. in der Kupferzeit im Süden der Iberischen Halbinsel lebenden Atlanter sind jedenfalls nachgewiesen. Man findet das Mineral Pyrit im Übrigen auch heute noch zum Beispiel in der Sierra de Aracena und der Sierra Morena (Andalusien) sowie in der Sierra de Monchique (Algarve).

Gleichwohl scheinen die Baumeister der Atlantischen Megalithkultur aber nur wenige Grabhügel und andere bedeutsame Bauten besonders eindrucksvoll verziert zu haben. Die grundlegende Konstruktion dieser Anlagen, die es zu Tausenden in Westeuropa und an der afrikanischen Atlantik- und Mittelmeerküste gibt, weist gleichwohl Ähnlichkeiten auf. Wesentlich kleiner, aber nicht weniger beeindruckend als Newgrange ist der um 3800 v. Chr. errichtete Grabhügel in Gavrinis in der Bretagne. Seinen Eingang haben die jungsteinzeitlichen Baumeister nach Osten ausgerichtet. Ein zwölf Meter langer, bis zu 1,50 Meter breiter und 1,60 Meter hoher Gang führt in einen zentralen Innenraum von 2,60 Metern Länge und 2,50 Metern Breite, der von einer einzigen Steinplatte überdeckt wird. Die Besonderheit dieses Grabhügels liegt jedoch nicht nur in seiner sorgfältigen bautechnischen Ausführung. Es sind vielmehr die zahlreichen unterschiedlichen Verzierungen der Granitplatten, die hier ins Auge fallen. Von den 29 aufrecht stehenden Steinen, die die Passage und den zentralen Innenraum bilden, tragen 23 schön ausgeführte Verzierungsmuster. Es sind manchmal gekrümmte, manchmal gerade Linien, die auf unterschiedliche Weise unterbrochen, gezogen und kombiniert werden. Einige Male bedecken die Muster den ganzen Stein, gelegentlich stoßen konzentrisch angeordnete Halbkreise aneinander, und dann wieder sieht man unterschiedliche Linienmuster, die aufeinandertreffen. Neben Spiralen, Kreisen, Wellen- und Zickzackmustern erkennt man auch einige Symbole: Beile, Keile, Krummstäbe, Bögen, U-Formen und wappenartige Gebilde, die man auch als menschliche Symbole deuten könnte.

In technischer Hinsicht etwas anders, aber nicht weniger bemerkenswert, haben die steinzeitlichen Bewohner der Orkney-Inseln ihre monumentalen Bauten errichtet. Die Siedlungen und Grabanlagen der Inseln gehören zu den am besten erforschten im Nordbereich der Atlantischen Megalithkultur. Dies dürfte zum einen der Tatsache zu verdanken sein, dass die recht abgelegenen Inseln nicht so stark von Zerstörungen betroffen waren wie das Festland. Zum anderen haben die Megalithleute ihre Häuser wegen des Mangels an Holz aus Stein errichtet. Die sechs vollständig erhaltenen Häuser in Skara Brae ähneln gleichwohl den Wohnbauten im Südbereich der Atlantischen Megalithkultur und stammen aus der Zeit zwischen 3500 und 3000 v. Chr. Einige der zahlreichen Grabhügel auf dem relativ kleinen Territorium dieser Inseln sind von ungewöhnlicher Qualität und Kompliziertheit. Dabei ragt die um 2900 v. Chr. entstandene Grabanlage von Maes Howe mit einem Durchmesser von 40 Metern heraus. Sie enthält eine zentrale rechteckige, etwa fünf Meter hohe Kammer, die man über einen langen Gang erreicht. Von der zentralen Kammer öffnen sich vier Seitenkammern, deren Eingänge etwas höher liegen. Alle Steine sind sorgfältig bearbeitet und verlegt, wobei die Deckenkonstruktion besonders weit ausgebildete technische Fertigkeiten der Baumeister zeigt.

Die Ähnlichkeit und technische Perfektion der monumentalen Grabanlagen an den Küsten des Atlantiks weisen darauf hin, dass die Menschen in den verschiedenen Regionen von Marokko bis nach Irland und zu den Orkney-Inseln über die maritimen Verbindungswege engen Kontakt hielten. Es scheint insbesondere in der Epoche von etwa

3000 bis 2700 v. Chr. im Hinblick auf die Größe und die Ausführung der Grabanlagen ein gesellschaftlicher Wettbewerb stattgefunden zu haben. Da die Verehrung der Vorfahren als ein demonstratives Zeichen des Prestiges der jeweiligen Gesellschaft benutzt wurde, entwickelte die Errichtung von monumentalen Grabanlagen eine enorme Eigendynamik.

Gerade mit Blick auf die Region der Bretagne, auf Südengland und die Orkney-Inseln, aber auch auf Marokko, Algerien, Tunesien und – weniger stark ausgeprägt – Irland, zeigen neben den Grabhügeln Tausende von Menhiren ein weiteres Charakteristikum megalithischer Baukunst. Vor allem in der Umgebung von Carnac in der südlichen Bretagne errichteten die Megalithleute mehr als 4000 Menhire, die teils in Steinkreisen, teils in Alleen von mehr als 1000 Steinen angeordnet wurden. Der ausgedehnteste Komplex dieser Art befindet sich in Le Menec. Er erstreckt sich in zwölf Reihen – ziemlich genau von Osten nach Westen ausgerichtet – über fast einen Kilometer. Andere Menhirgruppen in dieser Region sind in Kreisen angeordnet, wobei der heute zum Teil unter Wasser liegende Doppelkreis von Er Lannic im Golf von Morbihan hervorsticht. Einzelne Menhire, wie zum Beispiel der Stein von Er Grah in Locmariaquer, hatten eine Höhe von 20 Metern und ein Gewicht von 348 Tonnen. Der mit zwei Stierbildern, einer Streitaxt und einem eigenartigen, von den Archäologen als »Axt-Pflug« bezeichneten Emblem dekorierte Menhir repräsentiert wie viele andere Menhire auch eine enorme Arbeitsinvestition. Er musste über eine Entfernung von vier Kilometern herbeigeholt und dann aufgerichtet werden. Die Größenordnung dieser Leistung, die hohe Zahl der Menhire und die weite Verbreitung dieser Bauten belegen einmal mehr die Stärke, die Stabilität und die soziale Energie, die die Atlantische Megalithkultur auszeichnete. Der Transport der Menhire von den Steinbrüchen über zum Teil recht große Entfernungen gibt noch heute Rätsel auf.

Zu welchen technischen Leistungen die jungsteinzeitlichen Baumeister fähig waren, zeigt die Tatsache, dass die sogenannten »Blauen Steine« aus den Prescelly-Bergen in Wales über 300 Kilometer zur Megalithanlage von Stonehenge herbeigeschafft werden mussten. Der Transport der Steine dürfte überwiegend auf dem Wasserwege erfolgt sein. Nahe den Prescelly-Bergen endet ein schmaler Seitenarm des Bristol Channel, jener Bucht, die Cornwall von Wales trennt. Danach könnten die Megalithleute an der Küste der Bucht entlang bis zur Mündung des Flusses Avon gefahren und dann den Avon aufwärts bis etwa zwei Kilometer an Stonehenge herangekommen sein. Dieser um 3000 v. Chr. entstandene Steinkreis zählt bis heute zu den berühmtesten Baudenkmälern der Atlantischen Megalithkultur und hat die Menschen zu allen Zeiten fasziniert. Im frühen 3. Jahrtausend v. Chr., als die Megalithleute Stonehenge errichteten, demonstrierte allein schon das Vorhandensein der »Blauen Steine« im Zentrum von Wessex, welche Bedeutung man der Kultstätte beimaß und zu welchem grandiosen Netzwerk diese Anlage gehörte.

Nach heutigem Kenntnisstand befindet sich die wohl größte Ansammlung der als »henge« bezeichneten kreisförmigen Megalithanlagen in Wessex. In einem weiten Bogen, von den Marlborough Downs bis fast zur Weymouth Bay, wurden neben Stonehenge eine ganze Reihe von monumentalen Steinkreisen geschaffen: Avebury, Marden, Durrington Walls, Knowlton, Mount Pleasant, Silbury Hill. Bei einer Größe von 250 bis 400 Metern Durchmesser, mit jeweils mehreren Eingangskorridoren und Steinreihen, handelt es sich um Monumente, die zusammen mit anderen Bauten komplizierte Ensembles ergaben.

Abgesehen von den Steinkreisen in Südengland finden wir ähnliche Anlagen auch auf den Orkney-Inseln und auf den Äußeren Hebriden. Dabei gehört der »Ring of Brodgar« mit einem Durchmesser von 104 Metern zu den größten Steinkreisen im Nordbereich der Atlantischen Megalithkultur. Zusammen mit dem Steinkreis von Stenness und dem Grabhügel von Maes Howe markiert der Ring of Brodgar ein sehr durchdacht angelegtes regionales Zentrum von Megalithbauten, das um 2900 v. Chr. entstand und den Einsatz einer beträchtlichen Zahl von Menschen erforderte.

Über die Errichtung von großen Grabhügeln und Menhiren in ihren verschiedenen Anordnungen hinaus sind uns von der Atlantischen Megalithkultur nur wenige Wohnhäuser aus Stein, wie etwa in Skara Brae auf den Orkney-Inseln, und Festungsanlagen wie in Los Millares bei Almeria in Südspanien bekannt. Die auf einem schmalen Felsplateau beim Zusammenfluss des Rio Andarax und des Rambla de Huechar, etwa 20 Kilometer nordwestlich von Almeria liegende und wohl noch zum »gadeirischen Lande« gehörende Siedlung mit einer Bevölkerungszahl von etwa 1500 Menschen scheint, zumindest nach 2800 v. Chr., eine Verteidigungsanlage nötig gehabt zu haben. Denn neben mehr als 80 außerhalb der Siedlung liegenden Gräbern unterschiedlichster Art, zahlreichen Siedlungsresten und Zisternen fanden die Archäologen eine starke Mauer von beinahe 400 Metern Länge und etwa vier Metern Breite mit vielen Bastionen zur besseren Verteidigung und einem vorgeschobenen Fort beim Hauptzugang. Unmittelbar vor der Siedlung selbst hatten die Megalithleute noch zwei weitere ringförmige Mauern angelegt, um die Verteidigung zu verstärken. Und auf den Hügeln südlich von Los Millares vollendete eine Kette von neun Bastionen an strategisch günstigen Plätzen die Befestigung.

Vor allem im Westen der Iberischen Halbinsel, in der Tejo-Region, wurden bisher ähnliche Festungsanlagen wie in Los Millares gefunden, so zum Beispiel in Vila Nova de São Pedro, Leceia und Zambujal. Die Bewohner scheinen in der Lage gewesen zu sein, ihre befestigten Siedlungen über zwei Jahrhunderte, von etwa 2800 bis 2600 v. Chr., aufrechtzuerhalten. Weniger umfangreich, aber gleichwohl wirksam genug waren die Befestigungen der bedeutsamen Siedlung in Niebla am Rio Tinto in Andalusien. Hier zeigten die Megalithleute, abgesehen von ihrer Fähigkeit, gewaltige Bauwerke aus großen Steinen zu schaffen, dass sie auch Mauern errichten konnten, die dank ihrer enormen Härte bis heute Bestand haben. So waren in den ältesten Befestigungsanlagen von Niebla neben großen Steinblöcken Kieselsteine teilweise enormer Größe mit Kalksteinen und zermahlenem Kalk zu einem als »hormazo« bezeichneten Material verarbeitet worden, das eine außerordentliche Härte aufweist und noch von Caesar bewundert wurde. Dass diese spezielle Fähigkeit der Megalithleute nicht auf Niebla beschränkt war, belegen zahlreiche entsprechende Bauwerke aus der Steinzeit zum Beispiel in Sevilla und Ronda. Als ebenso bemerkenswert muss die schon sehr frühe Erkenntnis der steinzeitlichen Menschen betrachtet werden, dass mit der polygonalen, also stark versetzten Verlegung großer Steinblöcke die Einsturzgefahr der Bauwerke erheblich verringert werden konnte. Man findet diese Bauweise besonders häufig in den Megalithanlagen auf der Iberischen Halbinsel vor. Ein herausragendes Beispiel hierfür ist das Megalithgrab von Zambujeiro, nur wenige Kilometer südwestlich von Evora. Der 70 Meter Durchmesser und sechs Meter Höhe umfassende Erdhügel überdeckt ein Ganggrab von außergewöhnlichen Dimensionen. Der Gang wurde mit etwa 14 Metern fast drei Mal so lang angelegt wie die Grabkammer. Sie misst nur fünf Meter im Durchmesser, doch ragen die Tragsteine ebenfalls fünf Meter in die Höhe, und sie werden von einem gewaltigen Stein bedeckt.

So eindrucksvoll die Baukunst der Megalithleute in der Errichtung von Menhiren, gewaltigen Grabhügeln und einzelnen Verteidigungsanlagen in Erscheinung tritt, erreicht sie doch erst mit dem Bau von Tempeln und Kultstätten ihre höchste Form. Neben der berühmten Kultstätte von Stonehenge in Südengland haben die Baumeister der Atlantischen Megalithkultur im Laufe des 4. Jahrtausends v. Chr. die gigantischen Tempel auf der Insel Malta und auf ihrer Nachbarinsel Gozo geschaffen. Dabei symbolisieren die Grundrisse der gewaltigen, aus sorgfältig bearbeiteten Steinen erbauten Tempel von Mgarr (3500 v. Chr.), Ggantija (3400 v. Chr.), Hal Saflieni (3100 v. Chr.), und Tarxien (3000 v. Chr.) durchaus nicht zwingend die Konturen einer von den Megalithleuten verehrten Urmutter, wie die Archäologen lange Zeit annahmen. Die Konstruktionsweise dieser Tempel deutet darauf hin, dass Opferriten und festliche Zeremonien hier eine große Rolle spielten. Die Bauten haben für gewöhnlich einen klar erkennbaren Zugang, der von gewaltigen verzierten Steinen und einem Deckstein gebildet wird. Von dort gelangt man in einen zentralen Korridor, der wiederum in Nebenräume führt, die wie ein Kleeblatt angeordnet sind. Die bis zu 60 Tonnen schweren Kalksteinblöcke wurden vor 5500 bis 5000 Jahren kilometerweit über Land von den Steinbrüchen zum Kultplatz transportiert, ohne Mörtel präzise aneinandergefügt und teilweise verziert. Auch wenn sich diese Art der Kultstätten nur auf Malta und Gozo findet, bleibt der Zusammenhang mit den Megalithbauten in anderen Regionen der Atlantischen Kultur unverkennbar. An den Wänden und auf den Steinquadern der Tempel können wir ähnliche Kreise und Spiralen sehen, wie sie auch in den Gräbern in Irland, England, Frankreich, Portugal und Südspanien eingraviert wurden. Im Übrigen sind besondere lokale Ausprägungen in der Baukunst nicht ungewöhnlich. So gibt es neben einer Fülle von Ornamenten Tiermotive, meist Schafe und Ziegen, die als Fries den Tempel von Tarxien auf Malta schmücken, und Darstellungen von Pflanzen, die sich am Tempel von Hagar Qim finden. Die Böden sind sorgfältig gepflastert, die Wände mit rotem Ocker bemalt gewesen.

Nicht weniger beeindruckend als die gigantischen Tempel sind die unterirdischen Anlagen, die von den jungsteinzeitlichen Baumeistern auf Malta geschaffen wurden. Sie sind nach dem Muster der oberirdischen Anlagen entworfen und mit Eingangstoren, Durchgängen, Pfeilern, Fenstern und Nischen vollständig aus dem Fels geschlagen und dürften sowohl als Gemeinschaftsgrab als auch zu Kultzwecken gedient haben.

Insgesamt können wir mit Blick auf die Baukunst der Atlanter festhalten, dass gerade in der historischen Epoche, die mit den ersten Dynastien der ägyptischen Pharaonen parallel lief, das Erscheinungsbild der Megalithbauten am Atlantischen Ozean und im Mittelmeerraum bis nach Malta besonders imposant und vielfältig gewesen sein muss. Die überall sichtbaren Tempel und Grabanlagen demonstrierten eine lange Folge von Generationen, territoriale Be-

Abb. 1: Platon. Römische Kopie nach der Statue des Silanion. (By courtesy of Mrs. Margaret Howatson)

Abb. 2: Annalen-schreibung aus der Zeit von Pharao Menes. Schilderung einer Fahrt mit Schiffen und des Aufenthaltes im Neith-Tempel von Sais. (Drawing by Richard Parkinson after W. M. F. Petrie)

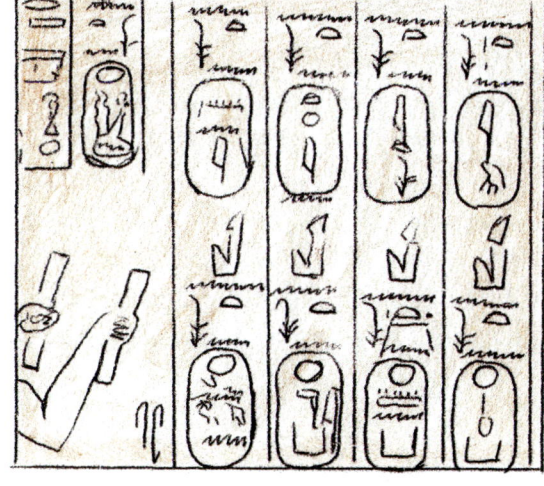

Abb. 3: Teil der Herrscher-Chronologie von Abydos, die mit dem Pharao Menes beginnt.

Abb. 4: Kerngebiete und Ausgangspunkte der Atlantischen Mega-lithkultur. (By courtesy of *Istituto Geografico De Agostini* – Novara, Italy)

Abb. 5: Ausdehnung der Atlantischen Megalithkultur. (By courtesy of *Istituto Geografico De Agostini* – Novara, Italy)

Abb. 6: Los Millares. Haupttor

Abb. 7: Alcalar

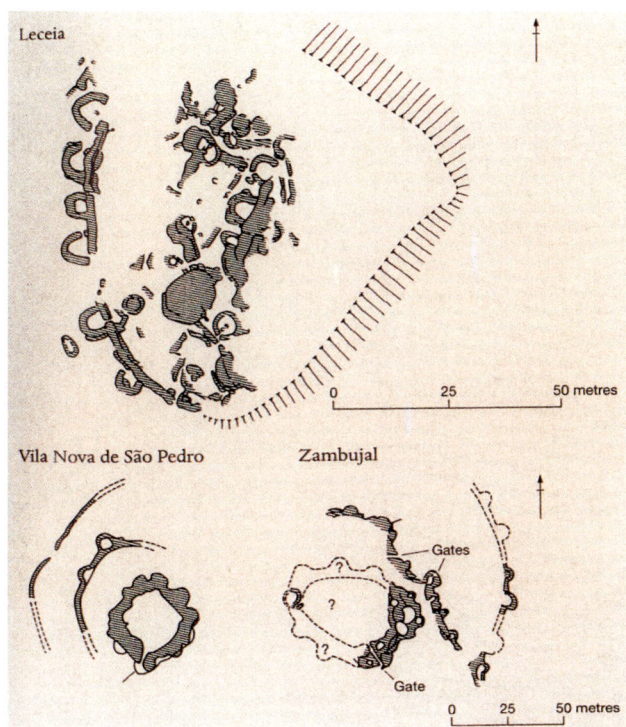

Leceia

Vila Nova de São Pedro   Zambujal

Gates

?

?

?

?

Gate

0   25   50 metres

0   25   50 metres

Abb. 8: Befestigte Megalith-Siedlungen in Portugal. (By permission of *Oxford University Press*)

Abb. 9: Pyrit (Copyright BLV Buchverlag GmbH & Co. KG)

Abb. 10: Vorkommen von Pyrit auf der Iberischen Halbinsel.
(By courtesy of *Istituto Geografico De Agostini* – Novara, Italy)

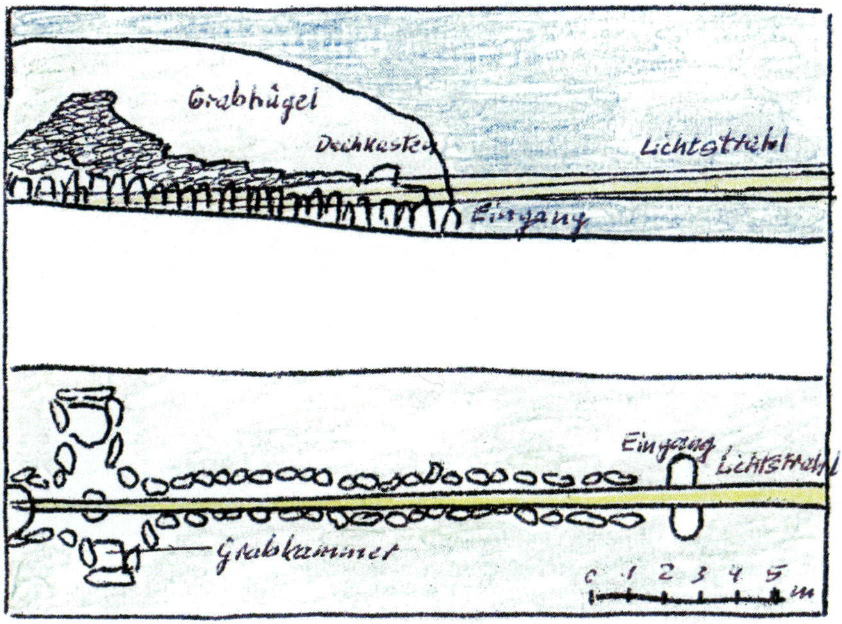

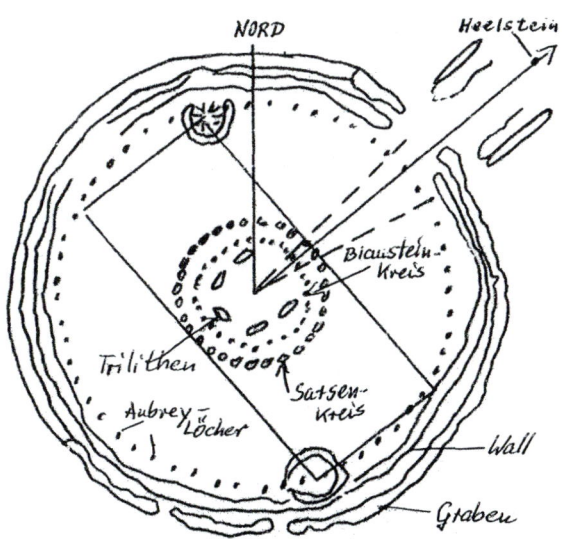

Abb. 11: Megalithgrab Newgrange. Orientierung auf die Winter-sonnenwende um 3000 v. Chr.

Abb. 12: Stonehenge. Astronomische Ausrichtung

Abb. 13a: Prähistorische Gravuren von Schiffen in El Hosh. (By courtesy of William Schenk)

Abb. 13b: Wandmalereien in einem prähistorischen Grab in Herakleonpolis (Copyyright *University College London*)

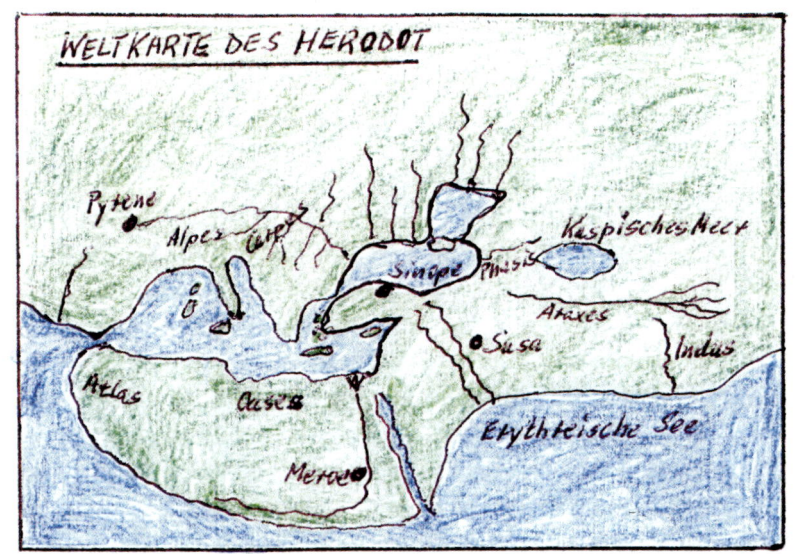

Abb. 14: Weltkarte des Herodot von Halikarnass ca. 450 v. Chr.

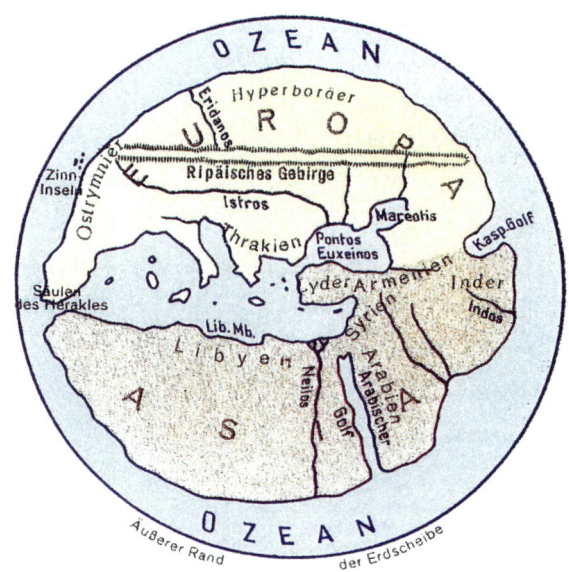

Abb. 15: Weltkarte des Hekataios von Milet ca. 500 v. Chr.
(Großer Historischer Weltatlas, I. Teil: Vorgeschichte und Altertum.
© 1978 by Bayerischer Schulbuch-Verlag, München [12c])

Abb. 16: Atlantik zwischen Golf von Cadiz und Amerika. (By courtesy of *Istituto Geografico De Agostini* – Novara, Italy)

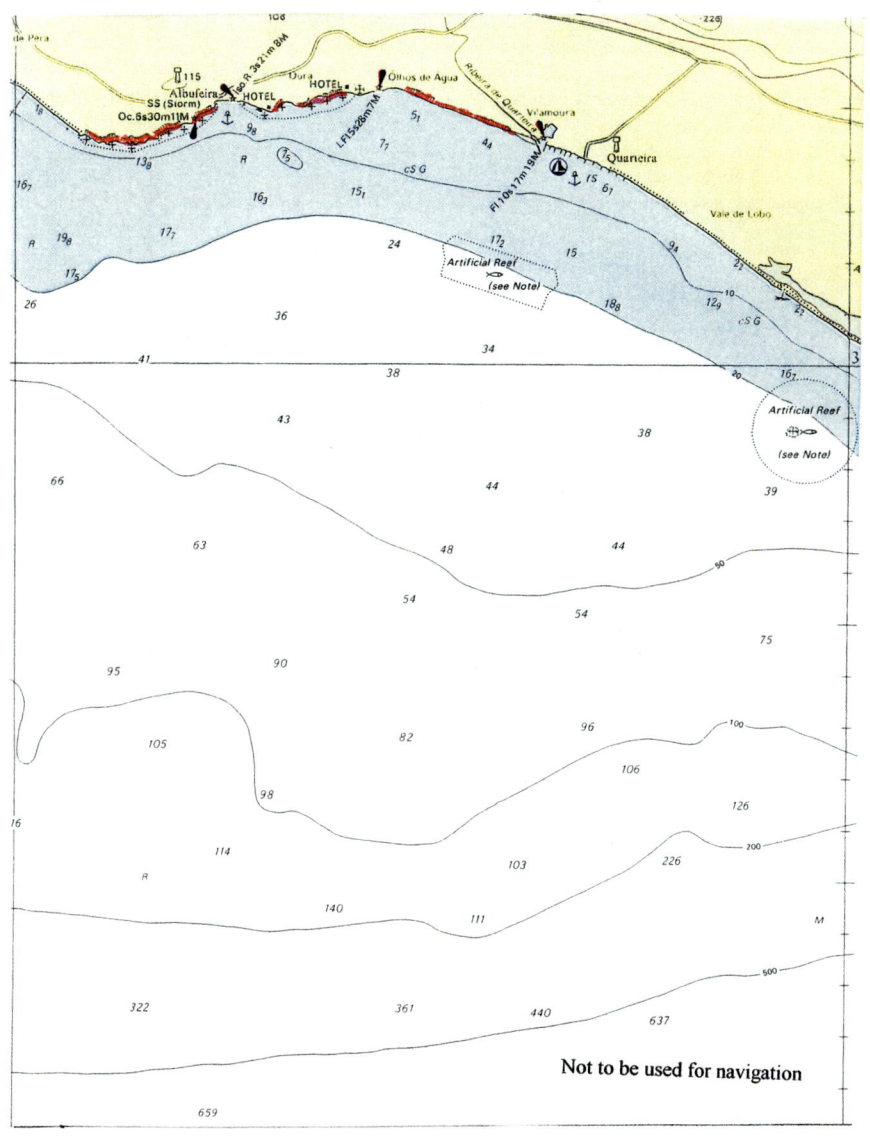

Abb. 17: Seegebiet zwischen Faro und Albufeira (© Crown Copyright and/or Database rights. Reproduced by permission of the Controller of Her *Majesty's Stationary Office* and the *UK Hydrographic Office* [*www.ukho.gov.uk*])

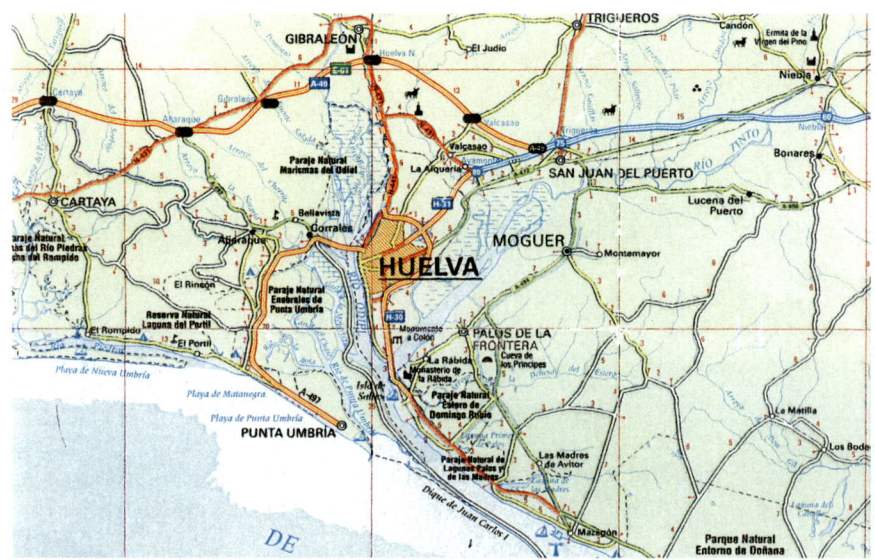

Abb. 18: Mögliche Insel Atlantis – von Vale de Lobo bei Almancil aus gesehen.

Abb. 19: Niebla am Rio Tinto. (By courtesy of *Distrimapas Telstar, S. L.*)

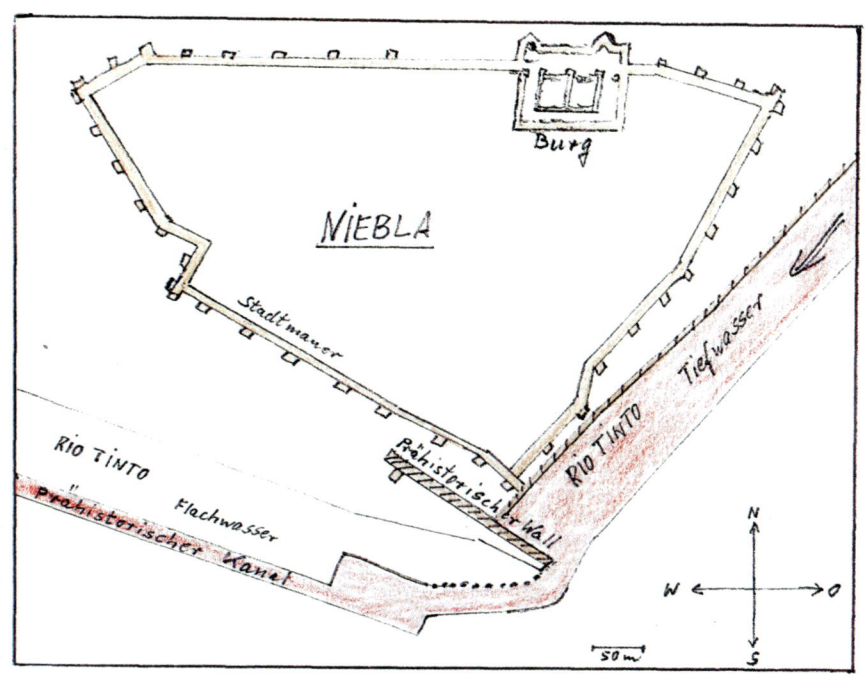

Abb. 20: Prähistorischer Hafen in Niebla

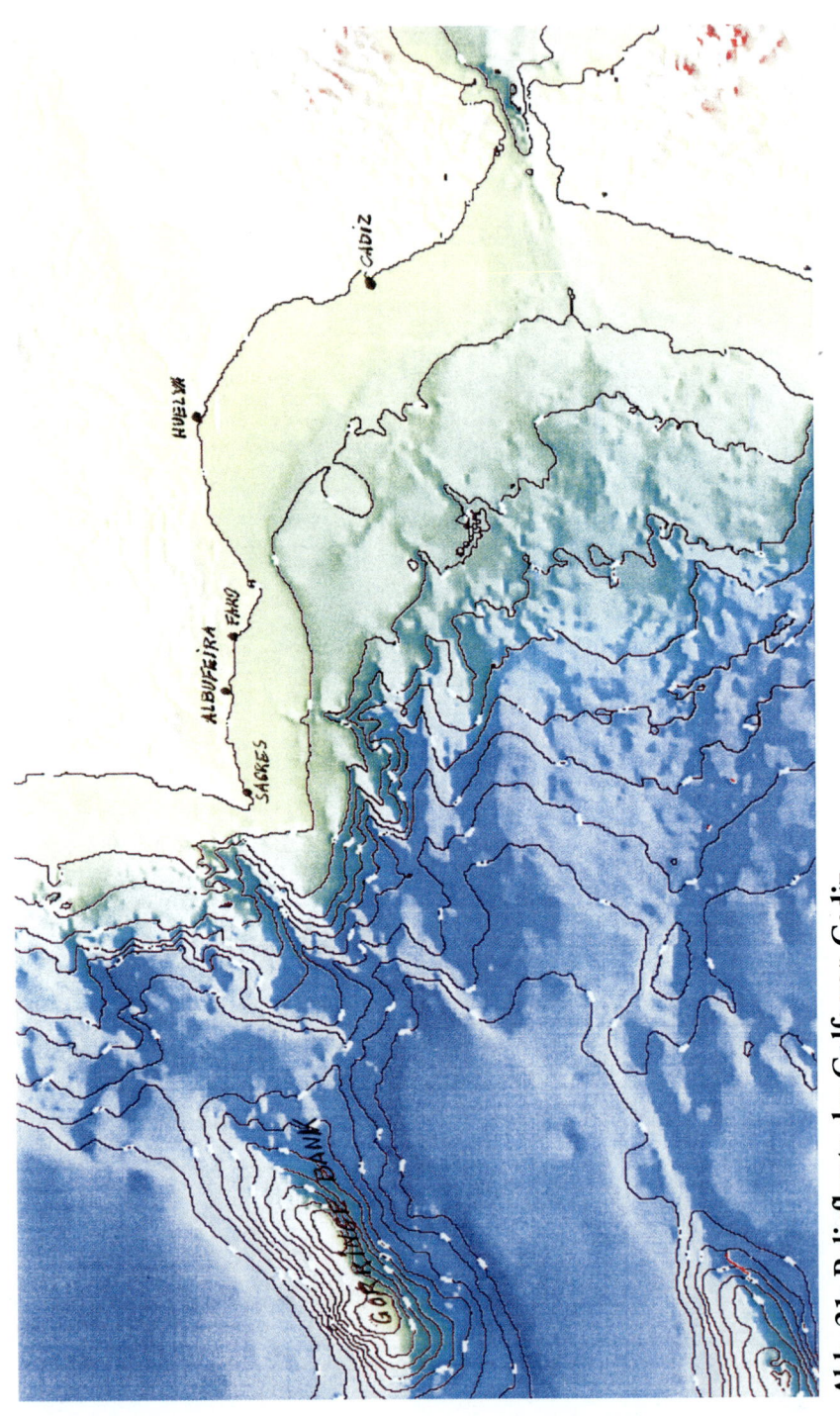

Abb. 21: Reliefkarte des Golfs von Cadiz

Abb. 22: Von einer »großen Flut« in den Sanddünen bei Niebla und Lucena del Puerto angeschwemmte Muscheln.

Abb. 23: Südansicht der Stufenpyramide Djosers in Sakkara (Coypright by courtesy of Dr. Kate Spence)

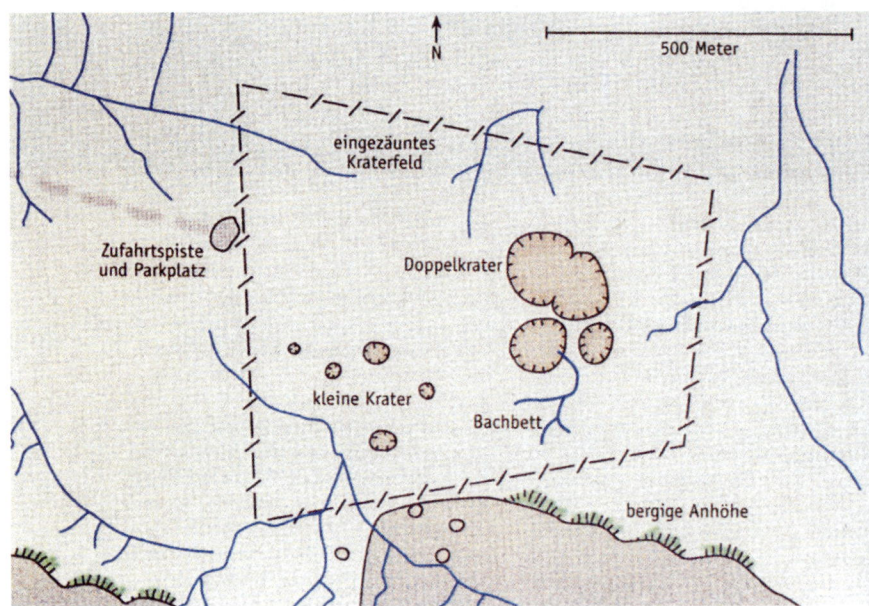

Abb. 24: Meteoritenkrater in den Henbury-Hills, Südaustralien, etwa 2700 v. Chr. (Copyright mit freundlicher Genehmigung von Dr. Jürgen Rendtel)

sitzansprüche und trotz aller Vielfalt eine bemerkenswerte
kulturelle Gemeinsamkeit.

4. Die Religion der Atlanter

Die zahlreichen Bauwerke oft gigantischen Ausmaßes legen
die Einschätzung nahe, dass die jungsteinzeitlichen Menschen den größten Teil ihrer Arbeitsleistung für Gemein-
schaftsprojekte religiös-kultischen Charakters aufgewendet
haben. Doch welche Religion brachte die Megalithleute
dazu, über lange Zeiträume und viele Generationen hinweg
solche Mühen auf sich zu nehmen und mit primitiven
Mitteln derartige Leistungen zu vollbringen? Nach Auffassung von Helmut Tributsch hatten die Menschen der Atlantischen Megalithkultur »eine Religion, die sich auf Fata-
Morgana-Beobachtungen und -Deutungen stützte«[77]. Sie
errichteten ihre Bauten vorwiegend an Plätzen, wo Fata-
Morgana-Erscheinungen häufig auftraten: in weiten Ebenen, auf Inseln und an den Küsten der Meere. Die gigantischen Dimensionen ihrer Bauten waren nach Tributsch
notwendig, damit sie unter bestimmten meteorologischen
Bedingungen von weither in eindrucksvollen Luftspiegelungen zu sehen waren, was von den Menschen als Kontakt-
aufnahme zu den Göttern betrachtet wurde.[78] Bei dieser
Gelegenheit, so unterstellt Tributsch den jungsteinzeitlichen
Menschen, konnten ihre Toten in die jenseitige Welt aufgenommen werden. Die Verbindung zum Himmel, die die
Luftspiegelung eines großen Bauwerks, eines Menhirs oder
einer ganzen Insel vortäuscht, war nach dieser Vorstellung
für die Megalithleute Mittelpunkt der Religion und Welt-
anschauung.[79] Es überrascht vor diesem Hintergrund nicht,

dass Tributsch für die Errichtung der großen Pyramiden in Ägypten eine ähnliche Motivation sieht.[80]

So interessant diese Interpretation auch ist, widerspricht sie doch in wesentlichen Aspekten den uns vorliegenden Tatbeständen und den historischen Quellen. Zwar erscheint es durchaus möglich, dass die jungsteinzeitlichen Menschen am Atlantik und in Ägypten das eindrucksvolle Phänomen der Luftspiegelungen kannten. Doch fehlt jeder wissenschaftlich tragfähige Beweis dafür, dass die Megalithleute dieses Phänomen zur Grundlage ihrer Religion gemacht haben. Und im Hinblick auf den Bau der großen Pyramiden gibt es in den Schriften der Ägypter keinen Anhaltspunkt, der auf das von Tributsch postulierte Motiv deuten könnte. Auch die wissensreichen und sehr aufmerksamen antiken Geschichtsschreiber, die Ägypten bereist haben, übermitteln uns darüber nichts. Für die Errichtung der großen Pyramiden haben die Ägypter vielmehr ganz andere Begründungen genannt.

Als verwertbare Hinweise und Quellen für die Klärung der Frage, welchen religiösen Vorstellungen die Menschen der Atlantischen Megalithkultur folgten, stehen uns zum einen die Bauwerke der jungsteinzeitlichen Menschen und die Ergebnisse der Ausgrabungen durch die Archäologen zur Verfügung. Zum anderen können die im Atlantis-Bericht enthaltenen Darstellungen zur Religion der Atlanter ausgewertet werden. So weist der ägyptische Priester seinen griechischen Gast Solon nicht nur darauf hin, dass die Atlanter von Poseidon, dem Gott des Meeres und der Erdbeben, abstammen, dem Stiere als Opfer darzubringen waren. In dem Bericht heißt es auch über die religiösen Pflichten der zehn Könige: »Die Herrschaft und Gemeinschaft unter ihnen selbst ward aufrechterhalten nach den Anordnungen des Poseidon, wie sie ihnen das Gesetz und die Inschrift überlieferten, die von den Urvätern auf einer Säule aus Oreichalkos eingegraben war. Diese stand in der Mitte der Insel im Heiligtum des Poseidon. ... In dem heiligen Bezirk des Poseidon trieben sich frei weidende Stiere herum; nun veranstalteten die Zehn ganz allein, nachdem sie zu dem Gott gefleht, er möge sie das ihm erwünschte Opferstück fangen lassen, eine Jagd ohne Eisen, bloß mit Stöcken und Stricken. Denjenigen Stier, den sie fingen, schafften sie zur Säule hinauf und schlachteten ihn auf der Höhe derselben über der Inschrift. ... Wenn sie nun nach gesetzmäßigem Vollzug des Opfers alle Glieder des Stieres dem Gotte als Weihgabe darbrachten, warfen sie in einen dazu vorbereiteten Mischkessel für jeden von ihnen einen Tropfen geronnenen Blutes, das übrige aber übergaben sie dem Feuer, nachdem sie die Säule ringsherum gereinigt hatten.«[81]

Dieses nach dem Atlantis-Bericht von den zehn Herrschern alle fünf bzw. sechs Jahre auf der Insel Atlantis praktizierte Ritual deutet auf einen Stierkult hin, dem die jungsteinzeitlichen Menschen wohl auch in den heiligen Bezirken der einzelnen Regionen folgten. Und in der Tat wird dieser Brauch durch die archäologischen Befunde bestätigt. Bereits die unter Leitung des französischen Archäologen Zacharie Le Rouzic von 1923 bis 1926 auf der Insel Er Lannic bei Carnac in der Bretagne durchgeführten Ausgrabungen ergaben, dass unmittelbar vor zahlreichen Menhiren Feuerstellen aus sorgfältig gelegten Steinen gefunden wurden. Verbrannte und geschwärzte Steine sowie große Mengen von Holzkohle vermittelten den Eindruck, dass dort lebhafte Feuer gebrannt haben. Darüber hinaus fanden die Archäologen in der Asche verbrannte Knochen und

Zähne von Rindern, Reste von Tongefäßen, steinerne Werkzeuge, Beile und Klingen.[82]

Über den Stierkult der Atlantischen Megalithkultur hinaus weisen die archäologischen Befunde auf zwei weitere wichtige Aspekte der religiösen Vorstellungen dieser jungsteinzeitlichen Menschen hin: Sie maßen zum einen dem Faktor Zeit, dem möglichst langen Überdauern ihrer gigantischen und sorgfältig angelegten Bauwerke, nicht nur hohe Bedeutung zu. Mit der häufigen Ausrichtung der Bauten nach dem Lauf der Gestirne suchten die Megalithleute auch klare Zeitmarken zu setzen, an denen sie ihr Leben orientieren und zudem ihre Fähigkeit demonstrieren konnten, die Umwelt in spezifischer Weise zu verändern. Irgendeine Form der Kontrolle über die machtvoll und ungezähmt erscheinende Natur auszuüben gab den jungsteinzeitlichen Menschen eine gewisse Rückversicherung, doch nicht ganz verloren zu sein. Und diejenigen, die sich ein herausragendes Wissen angeeignet hatten und eine entscheidende Rolle bei der Entstehung von Grabbauten und Tempelanlagen spielten, dürften schon eine gewisse Machtposition innegehabt haben. Die Kenntnis wichtiger astronomischer Zyklen und die Fähigkeit, diesen Zyklen eine dauerhafte architektonische Form zu geben, ließ bei der Herrschaftselite sicherlich auch das Bewusstsein entstehen, eine spirituelle Beziehung zu jenen Himmelsmächten zu haben, die den Rhythmus der Welt bestimmten. Zum anderen hielten die Megalithleute über mehr als 2000 Jahre bis zum Untergang ihrer Kultur an der Sitte fest, ihre Toten in gewaltigen Gemeinschaftsgräbern mit offenen Zugängen zu bestatten. Die in den Grabhügeln vorgefundenen, zum Teil aus dem Stein gehauenen Opferschalen, sorgfältig polierte Steinäxte, wertvolle Halsketten aus seltenen Steinen (zum Beispiel Variszit), die Knochen und eingeäscherten Reste der Verstorbenen zeigen, dass man dort regelmäßig religiöse Kulthandlungen zur Verehrung der Vorfahren abgehalten hat. Dieser Brauch scheint auch auf der Insel Malta üblich gewesen zu sein, wenngleich hier spezifische eigene Formen erkennbar sind. Jüngste Ausgrabungen und Untersuchungen britischer und maltesischer Archäologen auf Malta und Gozo belegen, dass die Bewohner der Inseln religiösen Vorstellungen anhingen, welche die Beziehung von Leben und Tod in den Mittelpunkt stellten.[83] Die hohe Zahl menschlicher Knochen und die zahlreichen Grabbeigaben, die Archäologen dort gefunden haben – schön gearbeitete Anhänger und Amulette aus Muscheln, Obsidian und Flintstein, individuell geformte Figuren aus Ton –, lassen den Schluss zu, dass in den gigantischen, aus dem Felsen herausgeschlagenen unterirdischen Räumen bis zu 8000 Menschen bestattet waren.

Für alle Gestaltungsformen der jungsteinzeitlichen Gräber und Tempel der Atlantischen Megalithkultur ist ihre Monumentalität charakteristisch. Die Schöpfer dieser Bauwerke zielten darauf, die vorgefundene Landschaft neu zu prägen und erkennbar zu machen, eine Verbindung von den Ahnen in die Zukunft zu ziehen. Menschliche Vergänglichkeit sollte durch Dauerhaftigkeit, menschliches Nutzdenken durch weithin sichtbare sakrale Landschaftsgestaltung überwunden werden.

Die religiösen Vorstellungen der Megalithleute spiegeln sich nicht nur in der Entwicklung einer spezifischen Grabarchitektur, der Verehrung der Vorfahren und der Darbringung von Tieropfern wider. Die Menschen der Atlantischen Megalithkultur haben vielmehr auch versucht, ihre Glaubensvorstellungen mit wenigen charakteristischen Symbolen auszudrücken, die sie in herausgehoben platzierte

Steine an den Zugängen und im Innern einiger Grabhügel oder in frei stehende Menhire eingravierten. Stiere oder Stierhörner, stilisierte Äxte, Kreise, Spiralen, U-Motive, Dreiecke, Quadrate, Schlangen- oder Zickzacklinien, Wellenmuster und abstrakte menschenähnliche Darstellungen sind die wesentlichen Motive. Wenngleich wir die genaue Bedeutung der sorgfältig eingravierten – nur selten gemalten – Motive nicht entschlüsseln können, scheinen die Symbole dazu gedient zu haben, die reale Welt mit der Welt der Götter zu verbinden und eine gewisse Ordnung zu suggerieren.

Insgesamt belegen die bisherigen Forschungsergebnisse, dass die jungsteinzeitlichen Menschen am Atlantischen Ozean von Marokko bis zu den Orkney-Inseln und im Mittelmeerraum bis nach Malta ein in wesentlichen Zügen gemeinsames Glaubenssystem teilten und über eine hoch entwickelte Kosmologie verfügten, die in monumentalen Bauwerken und in den dort praktizierten religiösen Riten ihren Ausdruck fanden.

5. Die astronomischen Kenntnisse der Atlanter

Schon der im Altertum mit der Gestalt des Titanen Atlas verbundene griechische Mythos weist auf besondere Kenntnisse der Schlüsselfigur der Atlanter über den Sternenhimmel hin. Zwar bleiben die zahlreichen Interpretationen antiker Gelehrter über die Rolle des Atlas unklar und widersprüchlich. Doch scheint die häufig vertretene Verbindung des Atlas mit der Himmelskunde den tatsächlichen Fähigkeiten der jungsteinzeitlichen Menschen am Atlantischen Ozean ziemlich nahe zu kommen. Die Baukunst der Atlanter gibt uns hierzu eine Fülle von Hinweisen, die sich zudem gut überprüfen lassen. Umfangreiche wissenschaftliche Untersuchungen vor allem im zurückliegenden Jahrzehnt haben schließlich zu der Erkenntnis geführt, dass eine große Zahl der Megalithbauten einen bestimmten Bezug zu astronomischen Konstellationen hat und mit enormer Präzision erbaut wurde. Gleichwohl dürften die jungsteinzeitlichen Menschen wesentlich mehr über den Lauf der Gestirne gewusst haben, als wir heute nachweisen können.[84]

In der Tat hatten die jungsteinzeitlichen Bauern mit der Sesshaftigkeit und der Landwirtschaft fundamental neue Aufgaben zu lösen. Vorstellungen vom Lauf des Jahres und von immer wiederkehrenden Phänomenen waren Voraussetzung für eine erfolgreiche Ackerbaukultur. Man lernte eine Zeiteinteilung, die sich vornehmlich auf Himmelsbeobachtungen stützte. Erste Hinweise, dass die jungsteinzeitlichen Menschen den Himmel und seine Gestirne regelmäßig beobachteten, lassen sich in der klaren Orientierung von Kreisgräben und Holzkonstruktionen erkennen. Sie setzten sich dann in den monumentalen Steinbauten fort.[85] Das für die frühe Zeit der Megalithkultur bemerkenswerte astronomische Wissen der jungsteinzeitlichen Baumeister wird durch die Tatsache untermauert, dass für die Errichtung der Grabhügel der Lauf der Gestirne, vor allem der Sonne, große Bedeutung besaß. So wurden zum Beispiel der Gang und der Innenraum des monumentalen Grabhügels von Newgrange in Irland in einer Weise konstruiert, dass das Licht der aufgehenden Sonne exakt zur Wintersonnenwende am 21. Dezember für etwa 15 Minuten durch eine Öffnung über dem reich verzierten Eingangstor in den Innenraum fiel (Bildteil, Abb. 11). Dieses Schauspiel erstreckte sich über einen Zeitraum von einer Woche vor und

nach dem Tag der Sonnenwende. Nur am Tag der Wintersonnenwende selbst erreichte der Sonnenstrahl das äußerste
Ende des über 19 Meter langen Ganges. Entsprechend den
Berechnungen der Astronomen teilte der Sonnenstrahl um
das Jahr 3000 v. Chr. den Innenraum des Grabhügels exakt
in zwei Hälften und traf auf die dreifache Spirale, die man
in den aufrecht stehenden Stein eingraviert hatte, der die
Rückwand des Ganges bildete.[86]

Die Zugänge vieler anderer Grabhügel waren dagegen
genau nach Osten ausgerichtet. So sind die zwei getrennten
Passagen des in unmittelbarer Nachbarschaft von Newgrange
erbauten Grabhügels von Knowth exakt von Osten nach
Westen ausgerichtet, sodass der westliche Gang jeweils am
21. März und am 21. September von der untergehenden
Sonne beleuchtet wird und der östliche Gang auf die aufge-
hende Sonne orientiert ist. Bei dem dritten – noch nicht
völlig erforschten – Grabhügel des Ensembles im Tal des
Boyne, in Dowth, glauben die Archäologen zu erkennen,
dass die westliche Passage auf den Sonnenuntergang zur
Zeit der Wintersonnenwende ausgerichtet ist und das Licht
auf die drei verzierten Steine im Innenraum trifft. Die
östliche Passage wurde noch nicht genau untersucht, aber
ihre generelle Ost-West-Orientierung deutet ebenfalls auf
eine astronomische Konstellation hin.

Schon die bislang bekannten Fakten belegen also die
beeindruckenden astronomischen Kenntnisse der Megalithleute zu Beginn des 3. Jahrtausends v. Chr. Dieses Wissen
lässt sich jedoch nicht nur für die damaligen Bewohner
Irlands feststellen. Auch die Passage im Grabhügel von
Maes Howe auf den Orkney-Inseln orientiert sich ähnlich
wie in Newgrange am Sonnenuntergang zur Wintersonnenwende. Ein planvoll konstruiertes Fenster lässt die Son-

nenstrahlen auf einen zentralen Stein am Ende des Ganges scheinen. Ein Bezug zu astronomischen Konstellationen ist ebenso für den berühmten Grabhügel von Gavrinis in der Bretagne nachgewiesen. Seine zentrale Achse mit ihrer Richtung von 134 Grad liegt nahe beim südlichen Punkt des Mondaufgangs, während die zweite wichtige Achse – von der rechten äußeren Ecke der Passage zur linken inneren Ecke – mit ihrer Richtung von 128 Grad auf den Sonnenaufgang zur Wintersonnenwende weist. Dabei kreuzen sich beide Achsen an einem Punkt, den die Erbauer des Grabhügels mit einem großen Quarzstein markiert haben. Es ist in diesem Zusammenhang zudem bemerkenswert, dass wir die hervorragenden astronomischen Kenntnisse der Megalithleute, die sich um 3000 v. Chr. in den monumentalen Anlagen in England, Irland und auf den Orkney-Inseln widerspiegeln, bereits 400 bis 500 Jahre früher im mehreren Bauten der Region von Carnac vorfinden. Das enorme Wissen über den Lauf der Gestirne und deren Umsetzung in monumentalen steinernen Bauten könnten also durchaus von Süden nach Norden vermittelt worden sein. Dies wird noch durch die Tatsache unterstrichen, dass die Passagen der meisten Grabanlagen im Süden der Iberischen Halbinsel, so zum Beispiel in Los Millares bei Almeria, in der Nähe von Montefrio und im Tal des Rio Gor (Provinz Granada), bei Ronda, bei Huelva und Niebla, sowie in Südportugal (zum Beispiel in Alcalar) auf den Sonnenaufgang zur Zeit der Wintersonnenwende weisen.[87]

Besonders eindrucksvoll scheint jedoch das astronomische Wissen jener Baumeister gewesen zu sein, die etwa um 3000 v. Chr. das Megalithheiligtum Stonehenge in der weiten Ebene von Salisbury in Südengland schufen (Bildteil, Abb. 12). Diese Kenntnisse setzten regelmäßige Beobachtungen der Gestirne über lange Zeiträume und deren Weitergabe über viele Generationen voraus. Dass die jungsteinzeitlichen Menschen bereits mehrere Jahrhunderte den Sternenhimmel, vor allem aber die Bewegungen von Sonne und Mond recht gut gekannt haben, bevor sie ihre gigantischen Bauwerke aus Stein errichteten, belegt der Bau großer Mond- und Sonnenheiligtümer aus Holzpalisaden. Sie dienten nicht nur dazu, den Beginn jahreszeitlich bedingter Aktivitäten festzulegen. Man benutzte sie auch, um Festtage zu bestimmen, die feierlich begangen wurden. So befand sich in der Ebene von Salisbury zunächst, ab etwa 3500 v. Chr., ein Graben- und Palisadenkreis von 90 Metern Durchmesser, der sich am Mondaufgang orientierte (Stonehenge I). Noch wesentlich älter, nämlich aus der Zeit um 4800 v. Chr., war das aus Wällen, Gräben und Holzpalisaden erbaute Sonnenobservatorium von Goseck im Saale-Tal mit einem Durchmesser von 75 Metern. Von der Mitte dieser monumentalen Anlage schaut man durch Lücken in den Palisadenreihen genau nach Norden sowie nach jenen zwei Punkten, wo die Sonne vor 6800 Jahren am 21. Juni und am 21. Dezember, den Tagen der Sommer- und Wintersonnenwende, aufging bzw. unterging. Die Festlegung des längsten und kürzesten Tag eines Jahres war möglicherweise von religiösen Ritualen, von Fruchtbarkeitsriten und Feierlichkeiten begleitet. Dies belegen Funde von Tonscherben, Stierknochen und Stierschädeln. Das astronomische Wissen, die Kenntnis von den markanten Fixpunkten im Zyklus der Jahreszeiten, war bei den agrarisch geprägten steinzeitlichen Gesellschaften Europas offenbar schon viele Jahrhunderte vor der Errichtung des ersten Steinkreises von Stonehenge vorhanden. Die Atlanter hatten sich also ein abstrahiertes Abbild des Himmels erschlossen und damit die Fähigkeit gezeigt, die Gesetzmäßigkeiten der Natur in ein System einzufügen, das ihnen im täglichen Leben praktische Hilfe bot. Und dabei bleibt sogar noch die Möglichkeit offen, dass die Tempelbauten auf der laut Platon untergegangenen Insel Atlantis ebenfalls astronomische Bezüge aufwiesen und der Mythos des Atlas eben darauf beruht. In jedem Fall dürften die vom 5. bis 3. Jahrtausend v. Chr. im Vergleich zu heute deutlich besseren Wetterbedingungen am Atlantischen Ozean die astronomischen Beobachtungen und die Aneignung der entsprechenden Kenntnisse durch die Menschen der Jungsteinzeit ebenso gefördert haben wie ihre Fähigkeiten in der Schifffahrt.

6. Die Seefahrt der Atlanter

Wenngleich wir über das Vorhandensein von Schiffen an den Küsten des Atlantik in der Zeit vor dem 1. Jahrtausend v. Chr. wenig wissen, belegen die von den Archäologen nachgewiesenen außerordentlich engen Kontakte zwischen den steinzeitlichen Menschen in den verschiedenen Regionen und die frühe Besiedlung der Westeuropa vorgelagerten Inseln, dass es seetüchtige Schiffe bereits im Mesolithikum gegeben haben muss. Zahlreiche Funde von Resten großer Einbäume aus dieser frühen Zeit weisen jedenfalls darauf hin. Die besterhaltenen Einbäume aus dem Neolithikum stammen aus Tybrind Vig (Fünen). Sie waren 9,5 Meter lang und 0,65 Meter breit, hatten eine Feuerstelle am Heck, verfügten über zehn große, sorgfältig gearbeitete und verzierte Paddel und konnten bis zu acht Leute einschließlich ihrer Ausrüstung tragen.[88] Dabei wird sich die Schifffahrt in jener Zeit wohl zunächst auf die jeweiligen lokalen Gebiete nahe den Küsten und vorgelagerten Inseln beschränkt haben.

Die Charakteristika der Küstenregionen Westeuropas, wie zum Beispiel Wetterphänomene im Allgemeinen, Winde, Wellen, Gezeiten und Strömungen im Besonderen, waren den steinzeitlichen Menschen dank langer Beobachtung sehr genau bekannt. Und es gibt keinen Grund, daran zu zweifeln, dass einzelne Megalithleute gelegentlich kühnere Unternehmungen wagten und Erfahrungen mitbrachten, die ihre Eigendynamik entfalteten und einen Prozess in Gang setzten, der die Grenzen maritimer Routen beständig erweiterte.

Die Erkundungsfahrten der steinzeitlichen Menschen sind bislang immer vorsichtig beurteilt worden, aber wie die Geschichte zeigt, wurden sie eher unterschätzt. Das liegt nicht zuletzt darin begründet, dass nur sehr wenig von solchen Seefahrten direkt überliefert worden ist. Inzwischen hat die moderne Archäologie dazu beigetragen, die Fähigkeiten der Menschen in der Seefahrt vor 5000 bis 7000 Jahren zumindest etwas aufzuhellen.

Gleichwohl ist die Frage schwer zu beantworten, welcher Art die Schiffe waren, die von den steinzeitlichen Menschen geschaffen und benutzt wurden. Zwar kennen wir nur wenige Relikte der Schifffahrt aus jener frühen Zeit, etwa ein Dutzend Einbäume wie zum Beispiel das auf 6500 v. Chr. datierte Boot von Pesse in den Niederlanden und zwei weitere Boote, die bei Tybrind Vig auf der dänischen Insel Fünen gefunden wurden und um 4400 v. Chr. benutzt worden sind. Dennoch dürften solche Seefahrzeuge an den Küsten des Atlantiks im 5. und 4. Jahrtausend v. Chr. ein vertrauter Anblick gewesen sein. Zudem bedeutet das Fehlen von Überresten anderer seetüchtiger Schiffe aus der

Steinzeit durchaus nicht, dass es solche Schiffe nicht gab. In diesem Zusammenhang muss daran erinnert werden, dass es kleinen Gruppen eiszeitlicher Menschen der Solutréen-Kultur im Südwesten Frankreichs und Norden Spaniens in mehreren Wanderungswellen – vor etwa 17 000 bis 11 000 Jahren – offenbar gelungen ist, mit Fellbooten jener Art, wie sie heute noch die Eskimos benutzen, von der französischen bzw. nordspanischen Atlantikküste aus an der Eisgrenze entlang das nordamerikanische Territorium zu erreichen. Darauf weisen DNA-Analysen der Überreste steinzeitlicher Menschen im Nordosten Nordamerikas und Funde spezifischer, den Solutréen-Menschen zugeschriebener Steinklingen und Speerspitzen in Nordamerika hin. Die Steinklingen und Speerspitzen waren mit derselben Abschlagtechnik hergestellt worden wie die entsprechenden Artefakte der steinzeitlichen Menschen im Südwesten Frankreichs, während die Einwanderer aus Asien eine völlig andere Technik hatten. Die Archäologen Dennis Stanford und Bruce Bradley von der *Smithsonian Institution* in Washington stellten diese These im Rahmen einer Konferenz unter dem Titel »Clovis and Beyond« in Santa Fe im Oktober 1999 der Öffentlichkeit vor.[89] Die beiden Forscher verglichen Artefakte, insbesondere Klingen aus Nordamerika und aus Südwestfrankreich bzw. Nordspanien, und stellten fest, dass sämtliche Gegenstände, die es in der Solutréen-Kultur gab, auch nahezu identisch in der späteren Clovis-Kultur in New Mexico (USA) vorhanden waren. Nachfolgende Untersuchungen, vor allem auch DNA-Analysen, bestätigten die These der beiden Archäologen.[90]

Es wäre sicher nicht ungewöhnlich, dass Menschen, die nachweislich in der Lage waren, Baumstämme, Zweige und Tierfelle kunstvoll zu bearbeiten, auch die Fähigkeit entwickelt hatten, die Einbäume in einer Weise zu verstärken, die es erlaubte, Wind und Wellen besser zu trotzen, oder große Fellboote herzustellen, wie sie aus späterer Zeit von den Küsten am Atlantik in den Schriften antiker Autoren, wie zum Beispiel Caesar (100–44 v. Chr.), Strabon (64 v. Chr.–21 n. Chr.) und Plinius (23–79 n. Chr.), überliefert worden sind.[91] Wenngleich diese Seefahrzeuge wohl kaum mit Segeln ausgestattet waren, sondern durch Ruder oder Paddel vorangetrieben wurden, dürften die Megalithleute spätestens um die Mitte des 4. Jahrtausends v. Chr. außerordentlich fähige Seefahrer gewesen sein. Über die Technik, Schiffe in Plankenbauweise herzustellen, müssen die Megalithleute in dieser frühen Epoche keineswegs verfügt haben. Es ist allerdings möglich, dass sie sich diese Technik zu Beginn des 3. Jahrtausends v. Chr. angeeignet hatten. Zwar lässt sich die Tradition der Plankenbauweise in Europa aufgrund entsprechender Funde in England nur bis etwa 1600 v. Chr. zurückverfolgen.[92] Doch könnte diese Schiffbautechnik zumindest in den südlichen Regionen, unter anderem durch die Kontakte mit den verschiedenen seefahrenden Völkern im Mittelmeerraum, in der Endphase der Atlantischen Megalithkultur bekannt gewesen sein. Die Konzentration und die Ausbreitung ihrer Kultur auf Küstenregionen des Atlantischen Ozeans und des Mittelmeeres, auf Inseln und entlang schiffbarer Flüsse weist deutlich auf die Bedeutung der Seefahrt für diese jungsteinzeitlichen Menschen hin. Dazu mag der Umstand beigetragen haben, dass die klimatischen Bedingungen im 4. und 3. Jahrtausend v. Chr. auch am Atlantik bis in die Region nördlich Schottlands weniger rau waren, als wir sie heute kennen. In jedem Falle müssen die Megalithleute über die Fähigkeit verfügt haben, Schiffe zu bauen, die seetüchtig waren. Anders wäre es nicht möglich gewesen, die zum Teil beachtlichen Entfernungen vom Festland zu den Inseln sowohl im Atlantik als auch im Mittelmeer zu überbrücken oder die gefährliche Meerenge von Gibraltar einigermaßen sicher zu durchfahren. So sind beispielsweise die Balearen bereits im 5. Jahrtausend v. Chr. von den vor-indoeuropäischen Menschen erreicht worden. Eine permanente Siedlung der Megalithleute auf Mallorca ist für das 4. Jahrtausend v. Chr. nachgewiesen. Auch Schafe und Ziegen wurden von ihnen eingeführt.[93] Im Übrigen waren die Seefahrer der Atlantischen Megalithkultur in manchen Fällen nicht einmal die Ersten, denen es gelang, vom Festland zu den Inseln etwa im Mittelmeer überzusetzen. So ist zum Beispiel die Insel Malta bereits vor dem Erscheinen der Atlanter erreicht worden. Dies wird durch die Tatsache belegt, dass steinzeitliche Siedlungen entdeckt wurden, die auf die Epoche um 5000 v. Chr. hinweisen.[94] Die Siedler bei dem Fundort Skorba verfügten bereits über eine grobe, zunächst graue, dann rote Keramik, Steinklingen und Werkzeuge aus Obsidian, das von benachbarten Inseln, vor allem aber von dem etwa 85 Kilometer entfernten Sizilien stammte.

Es gibt in diesem Zusammenhang keinen Grund zu der Annahme, dass die am Atlantik siedelnden jungsteinzeitlichen Menschen wesentlich geringere Fähigkeiten besessen haben sollten als die frühen Phönizier, deren Können als Seefahrer gegen Ende des 4. Jahrtausends v. Chr. nachgewiesen ist.[95] Sie trieben schon in prädynastischer Zeit Handel mit den Ägyptern, was die Darstellung ihrer Schiffe auf Felsgravuren (Bildteil, Abb. 13a) zu bestätigen scheint.[96] Zahlreiche ikonografische Darstellungen auf Felsbildern oder Siegeln von Oberägypten, Palästina, Malta, Kreta, Zypern sowie Laja Alta in Spanien belegen, dass die Schifffahrt

schon zu früher Zeit im gesamten Mittelmeerraum praktiziert worden ist. Dabei ist bemerkenswert, dass alle diese
vorgeschichtlichen Darstellungen Schiffe mit hoch aufragendem Vorder- und Achtersteven zeigen.[97] Nicht selten
finden sich auf den Gravuren sogar Darstellungen von
Seitenschwertern an den Schiffen (Bildteil, Abb. 13b), was
darauf hindeutet, dass es sich um Segelschiffe gehandelt
haben könnte. Vor allem die Felsbilder der Negade-II-Kultur (ca. 3500–3200 v. Chr.) in Oberägypten weisen darauf
hin. Und auch die Ägypter des Alten Reiches verfügten über
seetüchtige Schiffe, wie die in Schiffsfriedhöfen aufgefundenen und offensichtlich benutzten Schiffe belegen.[98] Sie
waren zwischen 18 und 24 Meter lang und stammen aus
der Ersten Dynastie, gehören also in die Zeit vor dem Bau
der großen Pyramiden. Nach Größe und Festigkeit der
Konstruktion müssen die Schiffe in Gebrauch gewesen sein.
Sie bestanden aus dicken Holzplanken, die mit Stricken
verbunden waren, und boten bis zu 30 Ruderern Platz. Und
spätestens seit dem Beginn des Alten Reiches gab es eine
Seeverbindung zwischen dem Nildelta und der Küste des
östlichen Mittelmeeres. Vor allem Byblos war damals bereits
Endpunkt wichtiger Karawanenwege aus weit entfernten
Ländern Asiens. Von diesen überseeischen Handelsverbindungen berichtet schon der Stein von Palermo, wo von
40 Schiffen, beladen mit Zedernholz, gesprochen wird, die
zur Zeit des Pharao Snofru (4. Dynastie) Ägypten erreicht
haben sollen.[99]

Zwar gab es am Atlantischen Ozean nicht jene berühmten Zedern, aus denen die Phönizier und die Ägypter ihre
Schiffe fertigten. Doch stand zum Beispiel mit den Eichen
im nordwestlichen Europa und den Schwarzkiefern aus den
Wäldern im Südwesten der Iberischen Halbinsel und in

Marokko geeignetes Material zum Schiffbau zur Verfügung. Ganz sicher aber waren die Schiffe der Megalithleute nicht von der Art, wie sie Platon in seinem Atlantis-Bericht beschreibt. Die Dreiruderer im Hafen der Insel Atlantis, die der griechische Gelehrte erwähnt, hatten die Menschen in der Jungsteinzeit noch nicht. Die außergewöhnlich hohen Zahlenangaben, etwa 240 Mann für die Schiffsbesatzungen der Atlanter, dürften ihn wohl zu dieser Vorstellung veranlasst haben. Zu seiner Zeit gab es Dreiruderer mit einer Länge von 40 Metern und einer Wasserverdrängung von 150 Tonnen. Sie hatten eine Besatzung von etwa 140 Ruderern und zusätzlich 60 Kriegern. An solche Schiffe dachte Platon wohl, um zu verstehen und seinen Lesern klarzumachen, wie jeweils 240 Mann auf den Schiffen der Atlanter Platz finden konnten.

7. Lage der Inselmetropole Atlantis

Während wir die Ausdehnung der Atlantischen Megalithkultur anhand der noch heute sichtbaren Überreste ihrer monumentalen Bauwerke ziemlich sicher beschreiben können, lässt sich die geografische Lage des Machtzentrums von Atlantis und des mythischen Ursprungsortes dieser Kultur nicht so leicht definieren. Der Text des Atlantis-Berichts Platons enthält zwar einige konkrete Hinweise für die Lokalisierung dieses Machtzentrums. Die recht knappen Formulierungen des griechischen Gelehrten im Hinblick auf diese Frage werden jedoch von vielen »Atlantis-Interpreten« genutzt oder willkürlich ergänzt, um die unterschiedlichsten Theorien zu rechtfertigen. Und selbst jene Wissenschaftler, die den Zusammenhang zwischen der vor-

indoeuropäischen Kultur und der Atlantis-Erzählung er-
kannt haben, legen den Text des Atlantis-Berichts Platons
sehr eigenwillig aus. Fixiert auf seine Idee, die Inselhauptstadt
der Atlantischen Megalithkultur müsse bei Carnac in der
Bretagne gelegen haben, unterstellt etwa Helmut Tributsch
den Ägyptern, deren Wissen Platon nach eigenem Bekunden nur referiert, sie hätten ganz Westeuropa als eine Insel
angesehen und den griechischen Gelehrten zu »widersprüch-
lichen Aussagen« über die Insel Atlantis veranlasst.[100] Doch
solche Behauptungen gehen weit an den Tatsachen vorbei.

Zum einen war das Wissen darüber, dass das Mittelmeer
nur einen einzigen Zugang zum Ozean hat, nämlich bei den
»Säulen des Herakles«, schon viele Jahrhunderte vor dem
Besuch Solons in Ägypten weit verbreitet. Die antiken Seefahrer – nicht nur die darin besonders erfahrenen Phönizier – kannten alle Küsten des Mittelmeeres schon zu sehr
früher Zeit. Ihr Wissen wurde in Priester- und Gelehrten-
kreisen vor allem in Ägypten festgehalten und von Generation zu Generation weitergegeben. Allerdings gab es über
die Länder und Völker jenseits der Küstengebiete des Mittelmeeres nur vage Kenntnisse. In den Aufzeichnungen antiker Gelehrter spiegelt sich dies auch deutlich wider. Der
ägyptische Priester hätte seinem hochgebildeten griechischen Gast Solon wohl kaum falsche Vorstellungen über die
Küsten des Mittelmeeres vorzutragen gewagt. Schließlich
kannten auch die griechischen Seefahrer des frühen 6. Jahrhunderts v. Chr. alle Küsten und die wichtigsten Häfen. Vor
allem phokäische und jonische Seefahrer machten den Phöniziern aus Tyros und Sidon sowie den Karthagern auch im
westlichen Mittelmeer bereits in dieser Zeit beachtliche
Konkurrenz. Und wenn der ägyptische Priester festgestellt
hätte, dass die alten Aufzeichnungen Fehler über die

geografischen Verhältnisse im Mittelmeer enthielten, hätte er wohl nicht mit so großem Stolz auf das beeindruckende Wissen seiner Vorfahren hingewiesen.

Zum anderen erscheint die Annahme abwegig, zur Zeit Platons, also mehr als zwei Jahrhunderte nach dem Besuch Solons in Ägypten, seien die geografischen Verhältnisse im nördlichen und westlichen Mittelmeerraum so lückenhaft bekannt gewesen, dass die Gelehrten von der Vorstellung Europas als einer Insel hätten ausgehen können. Wer wie Platon das Ausmaß und die wesentlichen Charakteristika des Atlantischen Ozeans korrekt beschreiben konnte, wird auch im Hinblick auf die Festlandstruktur Europas keinen Irrtümern unterliegen. Dem griechischen Gelehrten dürften sicherlich auch die für den Bereich des westlichen Mittelmeeres so wichtigen politischen Beziehungen zwischen Karthago, Rom und Syrakus bekannt gewesen sein, zumal er den Herrschern von Syrakus, Dionysios I. und Dionysios II., gelegentlich als Berater diente. Ihm wird dabei kaum entgangen sein, dass Karthager und Römer zwar mit Blick auf Syrakus Bundesgenossen waren, aber ansonsten in Konkurrenz zueinander standen. So versuchten die Karthager, ihre Vormachtstellung im westlichen Mittelmeer zu sichern und alle anderen Mächte daran zu hindern, die Meerenge von Gibraltar mit ihren Schiffen zu durchfahren und an den Küsten des Ozeans Handel zu treiben. Ein derartiges von den Karthagern auferlegtes Verbot ergab nur einen Sinn, wenn diese Meerenge der einzige Zugang zum Atlantischen Ozean und Europa eben keine Insel war. So mussten die Römer entsprechend dem Karthagisch-Römischen Vertrag von 348 v. Chr. eine durch zwei Punkte festgelegte Fahrtgrenze strikt einhalten, nämlich das sogenannte »Schöne Vorgebirge« an der nordafrikanischen Mittelmeerküste (Kap Farina = Ras Sidi Ali el-Mek-ki) und die Siedlung Mastia Tarseion an der südlichen Mittelmeerküste Spaniens (tartessischer Vorläufer von Cartagena).[101] Wir können zum einen also mit Sicherheit davon ausgehen, dass dem griechischen Gelehrten Platon sowohl die karthagische Politik im Vorfeld dieses Vertrages mit Rom als auch die geografischen Rahmenbedingungen dieses bedeutsamen Vertrages bekannt waren.

Zum anderen lässt der Text des Atlantis-Berichts Platons die Schlussfolgerung gar nicht zu, die Ägypter hätten Europa als Insel angesehen. Vielmehr gibt Platon bei der Beschreibung des Atlantischen Reiches die geografisch korrekte Vorstellung des ägyptischen Priesters von Europa richtig wieder, wenn er sagt: »Auf jener Insel Atlantis nun bestand eine große und bewunderungswürdige Königsherrschaft, welche nicht bloß die ganze Insel, sondern auch viele andere Inseln und Teile des Festlandes unter ihrer Gewalt hatte. Außerdem beherrschte sie noch von den Ländern am Mittelmeer Libyen bis nach Ägypten und Europa bis nach Tyrrhenien.«[102] Der Hinweis in dieser Passage des Textes auf ihre »Herrschaft über viele andere Inseln und Teile des Festlandes« würde keinen Sinn ergeben, wenn mit dem erwähnten Festland nicht der westliche Teil Europas gemeint wäre. Europa wird keineswegs auf die Küsten am Atlantischen Ozean beschränkt und eben nicht als Insel gesehen. Eine solche Vorstellung hätte im Übrigen auch vorausgesetzt, von einem zweiten Zugang vom Mittelmeer zum Atlantischen Ozean auszugehen – und zwar nach Norden oder Nordwesten. Doch ist in den Schriften der Ägypter wie auch bei Platon stets nur von einer einzigen Meerenge die Rede, und man wusste nicht nur genau, wo sich diese Meerenge befand, sondern kannte auch in groben

Zügen die geografischen Verhältnisse jenseits der Meerenge.

Auch die in Platons Text enthaltenen Beschreibungen
über die Aufteilung des Herrschaftsgebietes der Atlanter
zwischen Atlas und seinen Brüdern können nicht als Beleg
für die Vorstellung der Ägypter von Europa als einer Insel
herangezogen werden. Poseidon, so heißt es im Text, zeugte
mit Kleito fünf Mal Zwillingssöhne. »Er zog sie auf, teilte
das ganze Gebiet in zehn Teile und sprach von dem ältesten
Paare dem Erstgeborenen den mütterlichen Wohnsitz zu,
mit dem ringsherumliegenden Land, dem größten und
besten, und machte ihn zum König über die anderen, aber
auch diese machte er zu Herrschern. Denn jedem gab er die
Herrschaft über viele Menschen und vieles Land.«[103] Atlas
erhielt also die vor der Meerenge liegende Insel Atlantis und
die in der unmittelbaren Nähe liegenden Teile des Festlandes am Atlantischen Ozean. Seinem Zwillingsbruder
Gadeiros wurde das Land östlich davon zugesprochen: »Dem
nachgeborenen Zwillingsbruder, welcher den äußersten Anteil erhielt, von den Säulen des Herakles bis zu der Gegend,
welche jetzt die gadeirische heißt, wie sie noch jetzt in jener
Gegend genannt wird, gab er den Namen, der hellenisch
Eumelos, in der Landessprache aber Gadeiros lautete, und
dieser Umstand mag auch zugleich dieser Landschaft den
Namen gegeben haben.«[104] Das Herrschaftsgebiet dieses
Zweitgeborenen umfasste also nach der im 6. Jahrhundert
v. Chr. üblichen geografischen Einordnung des »gadeirischen Landes« die Region von Gibraltar bis zum Guadalquivir im Westen bzw. Norden und bis nach Cartagena im
Osten. Von dem Machtzentrum am Atlantischen Ozean
her gesehen lag das gadeirische Land in der Tat im äußersten Südosten der Iberischen Halbinsel. Eine Inselstruktur

ganz Europas oder Westeuropas lässt sich aus diesen Beschreibungen nicht ableiten.

Auch der griechische Historiker Herodot hat in seinen *Historien* nicht behauptet, dass Europa eine Insel sei, sondern lediglich darauf hingewiesen, dass »niemand deutlich weiß, ob es im Osten oder Norden von Meer umgeben ist«[105]. Für Herodot ist vielmehr selbstverständlich, dass das Mittelmeer nur einen Zugang hat (Bildteil, Abb. 14), nämlich bei den Säulen des Herakles im äußersten Westen.[106] Er kannte im Übrigen – wie auch später Platon – die von dem Geografen Hekataios von Milet um 500 v. Chr. gezeichnete Weltkarte, die nur einen Zugang des Mittelmeers zum Atlantik zeigt und Europa keineswegs als Insel abbildet (Bildteil, Abb. 15). Gleichwohl mag eine gewisse Unschärfe in Platons Atlantis-Bericht im Hinblick auf den Begriff »Atlantis« zu manchen falschen Interpretationen und fantasievollen Theorien beigetragen haben. So wird die Bezeichnung »Atlantis« zum einen für den Ursprungsort der Atlanter, die dem Meeresgott Poseidon zugeteilte Insel, zum anderen für das gesamte Herrschaftsgebiet der Atlanter gebraucht. Das ist nicht ungewöhnlich, wenn wir uns daran erinnern, dass wir selbst in wissenschaftlichen Publikationen etwa »Rom« oder »Karthago« sagen, aber im einen Fall die Stadt, im anderen das ganze Imperium meinen. Da die geografische Lage dieser beiden Städte jedoch außer Zweifel steht, rufen solche Formulierungen keine Probleme hervor. Was gemeint ist, ergibt sich aus dem Kontext. Im Hinblick auf Atlantis ist dies anders, da die Insel nach Platons Bericht nicht mehr existiert und wir erst noch herausfinden müssen, wo sie einst gelegen hat.

Die Ägypter des Alten Reiches scheinen dies jedenfalls gewusst zu haben. Da sie schon zu der Zeit, als die Insel

Atlantis noch existierte, schriftliche Aufzeichnungen machten, könnte die Kenntnis von der Atlantischen Megalithkultur und deren Ursprungsort durchaus erhalten geblieben sein, bis der Priester in Sais dieses Wissen, die sicherlich sehr knappen Aufzeichnungen seiner Vorfahren nacherzählend, an den griechischen Staatsmann Solon weitergab. Für die Fähigkeit, weit zurückliegende Geschehnisse in Erinnerung zu behalten, spricht auch die Tatsache, dass noch in der Ptolemäer-Zeit ägyptische Gelehrte in der Lage waren, eine Geschichte ihres Volkes zu schreiben. So verfasste der Priester Manetho aus Heliopolis im Auftrag Ptolemaios II. Philadelphos (285–246 v. Chr.) ein in der Antike weithin bekanntes, aber nur unvollständig erhaltenes Werk über die Geschichte Ägyptens, das bis zur Gründung des ägyptischen Staatswesens zurückreicht und als ersten Pharao jenen »Menes« nennt, der von den Archäologen als historische Figur angesehen wird und etwa um 3000 v. Chr. Ober- und Unterägypten zu einem Reich vereinigte.[107] Manetho benutzte hierzu nach eigenen Angaben chronologische Königslisten. Es gibt daher keinen Grund, daran zu zweifeln, dass die ägyptischen Gelehrten auch von der Atlantischen Megalithkultur Kenntnis haben konnten, deren Geschichte sich mehrere Jahrhunderte mit der ihren überschnitt und die zur Zeit ihrer höchsten Blüte und Macht geografisch ziemlich nahe an Ägypten herangerückt war.

Liest man vor diesem Hintergrund den Atlantis-Bericht Platons mit der nötigen Sorgfalt, erkennt man in der Beschreibung des atlantischen Herrschaftsgebietes durch den ägyptischen Priester nicht nur die tatsächliche geografische Verbreitung der Megalithbauten wieder. Der Priester gibt auch nützliche Hinweise für die Lage der Insel Atlantis: »Unsere Bücher erzählen nämlich, eine welch gewaltige

Kriegsmacht euer Staat einst gebrochen hat, als sie übermütig gegen ganz Europa und Asien zugleich vom Atlantischen Meere heranzog. Damals nämlich war das Meer dort befahrbar. Denn außerhalb der Meerenge, welche ihr in eurer Sprache die Säulen des Herakles nennt, gab es eine Insel, welche mächtiger war als Asien und Libyen zusammen. Von ihr konnte man damals nach den übrigen Inseln hinübersetzen und von den Inseln auf das ganze gegenüberliegende Festland, welches jenes Meer abgrenzt, das eigentlich allein den Namen Meer verdient.«[108]

Aus diesen Formulierungen geht eindeutig hervor, dass die Insel Atlantis jenseits der Meerenge von Gibraltar im Atlantischen Ozean gelegen haben muss. Es stellt sich sodann die Frage, wie weit vom europäischen oder afrikanischen Festland die Insel entfernt war. Darauf gibt der ägyptische Priester zwar keine direkte Antwort, doch enthalten seine Beschreibungen wertvolle Hinweise, die eine geografische Einordnung der Insel erlauben. Seine Aussage, dass man von Atlantis »nach den übrigen Inseln« und von dort »auf das ganze gegenüberliegende Festland« hinübersetzen konnte, macht zunächst klar, dass Atlantis näher am europäischen oder afrikanischen Festland gelegen haben muss als »die übrigen Inseln«. Wie ein Blick auf die Karte zeigt, können mit diesen Inseln nur die Kanaren und mit dem gegenüberliegenden Festland nur der amerikanische Kontinent gemeint gewesen sein (Bildteil, Abb. 16). Auch unter dem Aspekt der Navigation erscheint diese Interpretation sinnvoll.

Die »übrigen Inseln« mit Großbritannien und Irland gleichzusetzen erscheint schon deshalb abwegig, weil sie im Zusammenhang mit der Aussage, dass Atlantis »vor der Meerenge« lag, viel zu weit von der Region um Gibraltar entfernt sind. Für diese Strecke von etwa 1200 Seemeilen brauchte ein Segelschiff zur Zeit Solons bei günstigsten Winden und einer Durchschnittsgeschwindigkeit von drei Knoten etwa 40 Tage. Dagegen liegen die Kanaren mit etwa zehn bis zwölf Reisetagen nicht nur wesentlich näher. Von ihnen konnte man dank der vorherrschenden Winde und der günstigen Meeresströmungen auch leichter das »gegenüberliegende Festland«, also Amerika, erreichen. Dass die Atlanter den Ozean überquert haben, behauptet der ägyptische Priester nicht. Doch immerhin waren die Kanaren den Phöniziern längst bekannt, als Solon in Ägypten weilte und die Atlantis-Geschichte erfuhr. Und es ist nicht auszuschließen, dass die Phönizier der damaligen Zeit noch weit mehr über die geografischen Verhältnisse wussten, als wir heute nachweisen können.

Vor dem Hintergrund der tatsächlichen geografischen Verhältnisse, die der ägyptische Priester seinem Gast Solon sachlich richtig beschreibt, kann Atlantis nicht mit der Insel Gavrinis in der Bretagne identisch sein, wie Helmut Tributsch meint[109], weil dieser Ort zum einen nicht im Meer versunken ist und zum anderen viel zu weit von Gibraltar entfernt liegt, um die Formulierung »vor der Meerenge« sinnvoll erscheinen zu lassen. Das gilt erst recht angesichts der Tatsache, dass der Meeresspiegel zu Beginn des 3. Jahrtausends v. Chr. etwa drei Meter tiefer lag als heute und die Insel Atlantis schon damals im Meer versunken war. Wir haben also in einer Region nach der untergegangenen Insel zu suchen, die Gibraltar wesentlich näher ist. Der Atlantis-Bericht gibt hierzu weitere Hinweise. So schildert der ägyptische Priester die Insel Atlantis und ihre Umgebung als außerordentlich fruchtbares Land mit einem warmen Klima, das viele Früchte gedeihen ließ, mehrere Ernten im Jahr erlaubte und neben vielen anderen Tieren auch Elefanten beherbergte.[110] Die von dem ägyptischen Priester erwähnten klimatischen Bedingungen deuten auf subtropische Verhältnisse hin, wie sie im Süden der Iberischen Halbinsel, in Marokko und dem Seegebiet zwischen diesen beiden Küsten vorherrschen.

Einen weiteren Hinweis darauf, dass die Insel Atlantis im subtropischen Gebiet der Atlantischen Megalithkultur lokalisiert werden muss, gibt der ägyptische Priester mit der Beschreibung besonderer Früchte, die im Herrschaftsbereich des Königs Atlas geerntet wurden, nämlich »die, welche baumartig wächst und Trank und Speise und Salböl liefert, ... sowie alle, welche wir als Reizmittel des gesättigten Magens der Erschlaffenden als erwünschte Gabe zum Nachtisch auftragen – alles dies brachte die Insel, deren Klima damals Sonnenwärme mit Feuchtigkeit verband, in vortrefflicher und erstaunlicher Güte sowie in unermesslicher Menge hervor«[111]. Bei der Ersten dieser Früchte dürfte es sich um die Olive, bei der Letzteren wohl um die Feige handeln, die erfahrungsgemäß in Marokko und im Südteil der Iberischen Halbinsel gedeihen. Dass Oliven- und Feigenbäume in der Steinzeit zur typischen Flora des südlichen Mittelmeerraumes und der Region um den Golf von Cadiz gehörten und von den Megalithleuten auch genutzt wurden, ist inzwischen anhand von Proben an archäologischen Fundstätten in Portugal und Spanien bewiesen worden.[112]

Wenn man dem griechischen Staatsmann in Sais erzählte, dass der Winter im Gebiet von Atlantis genug Regen brachte, ist dies ein zusätzlicher Hinweis dafür, die versunkene Insel nicht weit von der Meerenge von Gibraltar zu suchen, denn diese Beschreibung entspricht genau jenen klimatischen Bedingungen, die die Region im Süden der

Iberischen Halbinsel und in Nordmarokko kennzeichnen. Und mit Blick auf die Erwähnung von Elefanten können wir feststellen, dass es zum einen tatsächlich im Süden der Iberischen Halbinsel noch in der Epoche der Atlantischen Megalithkultur Zwergelefanten (Elephas meridionalis) gab[113] und dass noch bis in die Römerzeit Elefanten in jenen Gebieten vorkamen, die wir heute als Tunesien, Algerien und Marokko kennen. Den Ägyptern des Alten Reiches war dieses Tier wohlbekannt. Auf welche Weise auch immer die Ägypter von den Atlantern Kunde erhalten haben – durch persönliche Anschauung Einzelner oder durch Berichte von fremden Seefahrern –, so kann die Erwähnung von Elefanten auf der Insel Atlantis oder in deren Umgebung als Beleg dafür gelten, dass die versunkene Metropole der Atlanter in der Nähe jener Gebiete gelegen haben muss, in denen Elefanten noch lange Zeit nach dem Untergang von Atlantis vorkamen.

Wenngleich die klimatischen Bedingungen während der ersten Hälfte des 3. Jahrtausends v. Chr. auch in der Bretagne und auf den Britischen Inseln deutlich wärmer waren als heute, sind sie doch nicht mit den subtropischen Verhältnissen, die der ägyptische Priester für die Insel Atlantis und ihre nähere Umgebung schildert, zu vergleichen. Und Elefanten hat es in den nördlicher liegenden Regionen der Megalithkultur nie gegeben. Auch von daher haftet allen Interpretationen, die auf eine Lokalisierung der Insel Atlantis nördlich des Seegebietes zwischen Andalusien und Marokko hinführen, etwas Künstliches an.

Bei der Beschreibung der Insel Atlantis hat der ägyptische Priester aber noch weitere Einzelheiten genannt, die uns bei der geografischen Einordnung helfen können. So heißt es gleich einleitend: »So erhielt auch Poseidon die

Insel Atlantis, auf der er seinen Nachkommen aus der Verbindung mit einem sterblichen Weibe ihre Wohnstätte gab, und zwar an einer Stelle von folgender Beschaffenheit: Ziemlich in der Mitte jener Insel, jedoch so, dass sie an das Meer stieß, lag eine Ebene, welche von allen Ebenen die schönste und fruchtbarste gewesen sein soll. In der Mitte dieser Ebene aber lag wiederum, und zwar 50 Stadien vom Meer entfernt, ein nach allen Seiten niedriger Berg.«[114]

Nach der in dieser Passage des Berichts enthaltenen Zahlenangabe war das Zentrum der Insel etwa neun bis zehn Kilometer vom Meer entfernt, die Insel selbst also nicht sehr groß. Der »nach allen Seiten niedrige Berg« dürfte dabei kaum höher als 50 bis 100 Meter gewesen sein. Darauf deuten auch die weiteren Schilderungen über die Beschaffenheit der Insel hin, wenn der ägyptische Priester nicht von einem Berg, sondern von einem »Hügel« spricht, auf dem der Tempel des Poseidon stand.

Noch wichtiger erscheint in diesem Zusammenhang ein anderer Hinweis, der zur Lokalisierung der Insel beitragen kann, nämlich die Erwähnung von kalten und warmen Quellen: »Ihm selbst aber, als einem Gott, war es ein Leichtes, die Insel mit allem Nötigen auszustatten; so ließ er zwei Wassersprudel, den einen warm, den anderen kalt, aus der Erde hervorquellen und reichliche Frucht aus ihr sprießen.«[115] Die Insel muss also, wenn wir diese Angabe des Atlantis-Berichts ernst nehmen, in einem Gebiet gelegen haben, das die geologischen Voraussetzungen für das Vorkommen warmer Quellen bietet. In aller Regel ist dies dort der Fall, wo es vulkanische Formationen gibt. Dies trifft für den Golf von Cadiz zu, wo in jüngster Zeit zahlreiche untermeerische Schlammvulkane entdeckt wurden.[116] Gleichwohl hat der Hinweis des ägyptischen Priesters manchen Atlantis-Forscher zu recht eigenwilligen Interpretationen veranlasst. So meint Helmut Tributsch, da es bei der Insel Gavrinis in der Bretagne, die er für Atlantis hält, solche warmen Quellen nicht gibt, die Ägypter hätten verschiedene Einzelheiten, die sie von den Atlantern kannten, miteinander vermischt. Dabei seien die bei der Megalithsiedlung Los Millares im äußersten Osten des gadeirischen Landes tatsächlich vorhandenen warmen und kalten Quellen auf die Inselmetropole »verlegt« worden.[117] Doch was auf den ersten Blick so einleuchtend aussieht, verliert bei näherer Betrachtung rasch an Gewicht. Wenn bei dem als Inselmetropole von Atlantis identifizierten Ort wichtige Attribute fehlen, so ist dies kein »Schönheitsfehler«.[118] Für eine streng wissenschaftliche Vorgehensweise sind solche Widersprüche klare Ausschlussgründe. Es gibt im Übrigen auch keinen Anlass, bei dem Bemühen um eine Lokalisierung des Machtzentrums von Atlantis nach »Umwegen« zu suchen, wenn man die erwähnten warmen und kalten Quellen auf der Insel Atlantis für ein wichtiges Indiz hält. Vielmehr findet man geologische Formationen mit diesen Charakteristika an mehreren Stellen im äußersten Südwesten der Iberischen Halbinsel und auch im Golf von Cadiz. So gibt es unter anderem warme und kalte Quellen unmittelbar nebeneinander in dem idyllischen Bergdorf Caldas de Monchique[119], etwa zehn Kilometer nördlich von Portimão – in direkter Nachbarschaft der großen, etwa 1500 Bewohner umfassenden Megalithsiedlung Alcalar –, und am nördlichen Stadtrand von Tavira, nur drei Kilometer von der Küste entfernt. Es ist in diesem Zusammenhang bemerkenswert, dass man an beiden Orten neben dem in dieser Region häufigen roten und hellgelben bis weißen Gesteinen auf vulkanische Formationen, zum Beispiel dunkelgrauen

Basalt, Grauwacke, Sienit, Pyrit und verschiedene andere schwefelhaltige Gesteine trifft.

Einen zusätzlichen Hinweis für die Lokalisierung des untergegangenen Machtzentrums von Atlantis erhalten wir durch die Erwähnung des Materials, aus dem die Atlanter ihre Bauten auf der Insel errichteten: »Die Steine dazu, teils weiß, teils schwarz, teils rot, brachen sie ringsherum an den Rändern der in der Mitte gelegenen Insel und ebenso im Innern derselben.«[120] Wiederum müssen wir feststellen, dass dieses charakteristische Gestein bei Carnac bzw. Gavrinis in der Bretagne, wo Helmut Tributsch die Inselmetropole von Atlantis vermutet, nicht vorkommt. Wohl aber finden wir an der atlantischen Südküste der Iberischen Halbinsel an zahlreichen Stellen – insbesondere an der Algarve, von Sagres bis Quarteira – Gesteinsformationen in den erwähnten Farben.

Im Hinblick auf die Lage der Inselmetropole Atlantis zum Festland enthält der Bericht Platons noch einen weiteren wichtigen Hinweis, der von den meisten Interpreten übersehen wird. Der ägyptische Priester sagt nämlich: »Zuvorderst, so hieß es, lag ein Gebiet, das im Ganzen als sehr hoch und steil wie mit einem Messer abgeschnitten aus dem Meer aufsteigend geschildert wurde. Die Gegend um die Stadt aber war durchweg eine Ebene, die von Hügeln umgeben war, die sich bis zum Meer hinabzogen … Dieser Teil des Landes erstreckte sich von Norden nach Süden und lag im Norden.«[121] Aus dieser Formulierung wird deutlich erkennbar, dass die Insel nicht weit vom Festland entfernt und südlich dieses Festlandes lag. Die von dem ägyptischen Priester beschriebene geografische Situation und die von ihm erwähnten charakteristischen Eigenschaften der Küstenregion, zum einen die Steilküste, zum anderen die Hügel, die sich bis zum Meere hinabzogen, weisen klar auf die Algarve hin.

Alle diese Indizien führen uns zu der These, dass die Inselmetropole von Atlantis vor der Südküste der Iberischen Halbinsel im Seegebiet zwischen Cadiz und Sagres gelegen haben dürfte. Die recht eindrucksvolle Beschreibung der nördlich der Insel Atlantis gelegenen Küste seitens des ägyptischen Priesters lässt sogar eine genauere Lokalisierung des im Meer versunkenen Machtzentrums der Atlanter zu. Denn die nach seinen Worten nahezu senkrecht aus dem Meer aufragende Küste – mit meist roten und hellgelben bis weißen, gelegentlich auch dunkelgrauen Gesteinsschichten – beginnt bei dem Ort Quarteira und erstreckt sich mit nur wenigen Unterbrechungen nach Westen bis zum Cabo de São Vicente und dann noch einige Meilen nach Norden. Die Lagebeschreibung des ägyptischen Priesters weist also auf das Seegebiet zwischen Albufeira und Faro hin (Bildteil, Abb. 17). In diesem gibt es sowohl die erwähnte Steilküste, von der Insel her gesehen im Norden bzw. Nordwesten, als auch die zum Meer hin abfallenden Hügel im Nordosten. Die roten, hellgelben bis weißen und dunkelgrauen Gesteinsschichten dieser Küste setzen sich darüber hinaus im Meer fort. Sie könnten also auch die untergegangene Insel Atlantis gekennzeichnet haben (Bildteil, Abb. 18).

Nicht zuletzt untermauern die Aussagen des ägyptischen Priesters über die reichen Vorkommen von Gold, Silber, Kupfer und »Oreichalkos« im Herrschaftsgebiet des Atlas die These, dass die Insel Atlantis im Seegebiet zwischen Albufeira und Faro gelegen haben muss. Die berühmten Erzlagerstätten in der Sierra de Aracena, vor allem aber im Gebiet des Rio Odiel und des Rio Tinto, sind spätestens seit dem Beginn des 3. Jahrtausends v. Chr., also bereits deutlich vor der Ankunft der ersten großen Migrationswellen der Indoeuropäer, von den Megalithleuten systematisch ausgebeutet worden. Dabei zeigt die Reihenfolge der Schlackeschichten, dass zuerst Gold, dann Silber und schließlich Kupfer gewonnen wurde – und zwar mit einer Sorgfalt, Professionalität und Geschicklichkeit, die den sehr viel späteren Aktivitäten der Römer deutlich überlegen war. Untersuchungen der steinzeitlichen Schlacke haben ergeben, dass die Schmelzprozesse bis zur vollständigen Extraktion der wertvollen Metalle betrieben wurden und spezifisch auf die verschiedenen Erze zugeschnitten waren.[122] Zusammen mit der Genauigkeit, die beim Vorbringen der Grabungsstollen angewandt wurde, lässt dies auf eine hohe Organisation des Erzabbaus schließen. Die auf einem Plateau am Rio Tinto gelegene und stark befestigte Siedlung Niebla war in diesem Zusammenhang der wichtigste Umschlagplatz für den Transport der wertvollen und begehrten Metalle während der Blütezeit der Atlantischen Megalithkultur, also zwischen 3000 und 2700 v. Chr. Bis zu dieser Siedlung wurden die Lasten mit Eseln auf den Trampelpfaden entlang des Rio Tinto transportiert, dort auf Boote umgeladen und – wie es in einer bis heute in Niebla tradierten Legende heißt – »den Fluss hinab zum Meer und dann nach Westen« gebracht.[123] Dies belegt einmal mehr, dass das Machtzentrum, das über die wertvollen Schätze verfügte, westlich der Mündung des Rio Tinto zu suchen ist (Bildteil, Abb. 19). Wie bedeutsam die Siedlung Niebla während der Blütezeit der Atlantischen Megalithkultur war, geht auch aus der Größe des Hafens hervor. Die Reste des 300 Meter langen und 30 Meter breiten Hafens und der Bootsanlegestelle sind noch heute sichtbar (Bildteil, Abb. 20).

Die kunstvoll und solide ausgeführte Anlage von Zugängen von der Siedlung auf dem Plateau zum Hafen hinunter belegt, dass sich die Megalithleute gegen die in den Wintermonaten nach länger anhaltenden Regenfällen gelegentlich auftretende reißende Strömung des Rio Tinto zu schützen wussten. Darüber hinaus zeigen die zahlreichen in der Siedlung angelegten und manchmal mehr als 20 Meter tiefen Brunnen, dass die steinzeitlichen Menschen außerordentliche Fähigkeiten im Bau von zuverlässigen Bewässerungssystemen hatten und dem sicheren Zugang zu trinkbarem Wasser große Bedeutung beimaßen. Sie scheinen auch gewusst zu haben, dass das Wasser des Rio Tinto wegen des Erzabbaus schon damals stark kontaminiert und nicht genießbar war. Angesichts der enormen Mühe, die aufgewandt werden musste, um die Brunnen bis zu der Wasser führenden Schicht aus dem an dieser Stelle sehr harten Gestein zu schlagen, muss der Druck auf die Megalitheute ziemlich groß gewesen sein, gerade hier eine Siedlung anzulegen. Sie haben es sogar geschafft, zusätzlich zu den Brunnen innerhalb der Siedlung eine unterirdische Wasserleitung bis zu einer Quelle etwa fünf Kilometer außerhalb zu bauen.[124]

Abgesehen von den bisher analysierten Kernaussagen des Atlantis-Berichts enthält die Erzählung des ägyptischen Priesters in Sais noch umfangreiche Beschreibungen des Machtzentrums und der Streitmacht der Atlanter. So erfährt Solon im Hinblick auf die Beschaffenheit und Struktur der Metropole, dass um eine zentrale Insel von etwa 900 bis 1000 Metern Durchmesser, wo sich der Tempel des Poseidon und der Königspalast befanden, drei Wasserringe und zwei Erdringe »wie mit dem Zirkel« gezogen waren und vom Meere aus ein etwa neun Kilometer langer und 90 Meter breiter

Kanal geschaffen worden war.[125] Ob diese detaillierten Beschreibungen der historischen Wahrheit entsprechen, erscheint eher fraglich. Die Baumeister der Atlantischen Megalithkultur haben zwar bemerkenswerte Leistungen hervorgebracht. Sie werden aber wohl kaum in der Lage gewesen sein, im 4. oder 3. Jahrtausend v. Chr. derart perfekte Bauten zu schaffen, wie sie der ägyptische Priester beschreibt. Hier scheint der Bericht ebenso fantasievoll ausgeschmückt worden zu sein – um die Pracht des Machtzentrums von Atlantis hervorzuheben und dem Sieg der Athener umso größere Bedeutung zu verleihen – wie etwa bei der Schilderung der gewaltigen Streitmacht der Atlanter. Daher ist es müßig, nach einer entsprechenden kunstvoll errichteten Struktur der Insel Atlantis zu suchen, um deren geografische Lage zu bestimmen. Auch die Zahlenangaben für die im Atlantis-Bericht erwähnte, von hohen Bergen umsäumte große Ebene von 3000 Stadien (540 Kilometer) Länge und 2000 Stadien (360 Kilometer) Breite sollten wir mit Skepsis betrachten. Diese Ebene mit Frankreich zu identifizieren[126] erscheint vor dem Hintergrund, dass die Kunde von der Atlantischen Megalithkultur über zwei Jahrtausende von den ägyptischen Priestern bis zum frühen 6. Jahrhundert v. Chr. weitergegeben wurde, sehr gewagt.

Die detaillierten Beschreibungen von Atlantis lenken eher ab von den Kernaussagen, die der ägyptische Priester in seinem Bericht gegenüber Solon gemacht hat. Diese Kernaussagen weisen im Zusammenhang mit der tatsächlichen Topografie, den geologischen und klimatischen Bedingungen und den vorhandenen Megalithsiedlungen übereinstimmend auf eine Insel hin, die einst im atlantischen Seegebiet unmittelbar vor der Südküste der Iberischen Halbinsel gelegen haben muss. Doch wann und wodurch ist diese Insel – wie von den Ägyptern behauptet – im Meer versunken?

8. Untergang der Inselmetropole Atlantis

Wie die Existenz der Insel Atlantis selbst ist deren Untergang eine Schlüsselfrage der von Platon überlieferten Atlantis-Geschichte. Und wie bei anderen Fragen, die im Zuge der Deutung des Atlantis-Berichts zu beantworten sind, können wir auch hier beobachten, dass manche Autoren recht eigenwillige Interpretationen anbieten, um ihre Theorien von störenden Fakten zu befreien.

So betrachtet Andrew Collins die Erzählung vom Untergang der Insel Atlantis schlicht als unglaubhaft. Er erklärt diesen Teil des Berichts damit, dass Platon eine Erinnerung an die verheerenden Folgen des Vulkanausbruchs von Thera um die Mitte des 2. Jahrtausends v. Chr. verarbeitet hat.[127] Gewiss wird der griechische Gelehrte die mündlichen Überlieferungen über die gigantische Katastrophe, die sich etwa zwischen 1642 und 1628 v. Chr. zugetragen hat, gekannt haben. Doch warum sollte er dieses Geschehen in der Ägäis mit dem Untergang der im fernen Atlantischen Ozean gelegenen Insel Atlantis verwechseln, der mit einem verheerenden Vulkanausbruch nichts zu tun hatte? Und was sollte Platon dazu verleitet haben, sein Wissen um die Thera-Katastrophe in seine Erzählung einzuflechten, wenn er doch gleichzeitig den ägyptischen Priester sagen lässt, dass die Atlantis-Geschichte in den Archiven und auf den Säulen seines Tempels in Sais geschrieben stehen?[128] Noch leichter macht es sich Helmut Tributsch mit der Beantwortung dieser Frage. Da er das Machtzentrum der

Atlantischen Megalithkultur in die Bretagne verlegt und behauptet, dass die Ägypter ganz Westeuropa als Insel betrachtet hätten, kommt er zu dem Ergebnis, dass Atlantis überhaupt nicht untergegangen ist. Vielmehr spiegele sich in der Geschichte vom Untergang der Insel die Sage über das Verschwinden von Phantom-Inseln wider.[129] Und mit der Feststellung, dass die heutigen geologischen Erkenntnisse den Untergang einer »größeren Insel im Atlantik« während der zurückliegenden 20 Jahrtausende ausschließen[130], meint Tributsch das Thema ad acta legen zu können. Die Feststellung des Physikers ist zwar richtig, solange er den Untergang auf eine »größere« Insel bezieht. Doch hat der ägyptische Priester in seinem Bericht keineswegs von einer »größeren« Insel gesprochen. In seiner Beschreibung nennt er vielmehr einen Durchmesser der Insel von 100 Stadien, also etwa 18 bis 19 Kilometern, wobei auch diese Ausmaße schon etwas übertrieben gewesen sein können, wenn wir an die sonstigen Angaben denken, die der Bericht enthält. Was ist also geschehen, dass die Insel Atlantis, das Machtzentrum der Atlantischen Megalithkultur, dem Untergang anheimfiel?

Auf diese Frage enthält der Text des Atlantis-Berichts Platons klare Hinweise: »Späterhin aber brach eine Zeit gewaltiger Erdbeben und Überschwemmungen herein, und es kam ein Tag und eine Nacht voll entsetzlicher Schrecken, wo die ganze Masse eurer Krieger von der Erde verschlungen wurde; ebenso versank auch die Insel Atlantis im Meere und verschwand.«[131] Nach diesen Formulierungen kann es im Grunde keinen Zweifel über die Ursachen des Untergangs der Inselmetropole der Atlantischen Megalithkultur geben. Die Zerstörung dieses Machtzentrums und das unmittelbar damit verbundene Versinken der gesamten Insel im Meer »innerhalb eines Tages und einer Nacht« lässt uns nicht mehr an ein Erdbeben denken, wie es in der Region zwischen der Südküste der Iberischen Halbinsel und dem Norden Marokkos auch später gelegentlich vorkam – und auch heute noch auftreten kann. Ein solches »normales« Erdbeben hätte wohl kaum ausgereicht, eine ganze Insel vollkommen zu zerstören und im Ozean verschwinden zu lassen.

Für das von dem ägyptischen Priester beschriebene Erdbeben und die anschließende Überflutung muss es einen besonderen Auslöser gegeben haben. Möglich wäre eine Hangrutschung, wie sie im Gebiet um die Gorringe Bank, etwa 180 Kilometer westlich von Sagres (Algarve), auch in späteren geschichtlichen Epochen vorgekommen ist (Bildteil, Abb. 21) und beispielsweise das verheerende Erdbeben mit einer Stärke von etwa 8,7 auf der Richter-Skala sowie einen gewaltigen Tsunami an der Südwestküste der Iberischen Halbinsel ausgelöst hat. Die Katastrophe verursachte unter anderem die Zerstörung Lissabons am 1. November 1755 und kostete in den Küstenregionen Portugals, Andalusiens und Marokkos mehr als 200 000 Menschenleben.[132] Immerhin gibt es an verschiedenen Stellen des Seegebiets vor der Südküste Portugals durch Erdbeben verursachte grobkörnige Schüttungen (Turbiditlagen), die auf Hangrutschungen hindeuten.

Es ist in diesem Kontext nicht nur die Tatsache bemerkenswert, dass aufgrund des Zusammenpralls der Eurasischen Platte mit der Afrikanischen Platte in dem Gebiet zwischen den Azoren und Gibraltar mit einer gewissen Regelmäßigkeit enorme Spannungen und Verwerfungen auftreten, die auch schon in weiter zurückliegenden historischen Epochen verheerende Katastrophen bewirkt haben können.[133] Die britische Archäologin Elena Whishaw hat auch herausgefunden, dass in Niebla eine Legende existiert, die auf »eine große Flut« hinweist, vor der in grauer Vorzeit die überlebenden Menschen ins Innere des Landes flüchteten.[134] Diese in Niebla über viele Jahrhunderte mündlich weitergegebene Erzählung von einer »großen Flut« unterscheidet sich deutlich vom Text der Bibel. Die entscheidende Passage lautet: »Es gab eine sehr lange zurückliegende Zeit, als die Menschen so böse geworden waren, dass Gott beschloss, sie mit einer großen Flut zu bestrafen. Die Wassermassen stiegen auf von unten (subieron de abajo arriba), das Meer kam heraus aus seinem Zentrum, und das ganze Land wurde überschwemmt. Nur wenige Menschen retteten sich, indem sie höher gelegene Plätze erklommen. Viele wurden in Niebla gerettet, weil die Mauern und Türme so hoch waren. Als das Meer in sein Zentrum zurückwich, ließ es große Bänke von Muscheln hinter sich, mit denen die Kinder heute spielen.«[135] Und in dem gegenüber Niebla, auf der Südseite des Rio Tinto gelegenen Lucena del Puerto erzählt man die Geschichte, dass dies der erste Ort war, der wieder trocken fiel, als die See in ihr Zentrum zurückkehrte. Dies sei auch der Grund, weshalb man dort noch heute viele Muscheln finde. In der Tat gibt es an den Hängen der Dünen in dieser Gegend häufig Ablagerungen von Muscheln, die an manchen Stellen bis zu einen Meter hoch sind. Und es handelt sich dabei nicht um Fossilien aus weit zurückliegenden Perioden der Erdgeschichte (Bildteil, Abb. 22).

Doch vor dem Hintergrund des ungeheuren Ausmaßes der im Atlantis-Bericht geschilderten Katastrophe und der charakteristischen Reihenfolge der entscheidenden Phänomene – erst Erdbeben, dann Überflutung – muss noch ein weiterer Auslöser in Betracht gezogen werden: der Einschlag eines Kometenbruchstücks im Atlantischen Ozean etwa im Gebiet zwischen der Südwestküste der Iberischen Halbinsel und den Azoren. Ein derartiger Einschlag könnte sowohl ein gewaltiges, alle Maße sprengendes Impakt-Beben mit anschließendem Tsunami als auch eine Hangrutschung ausgelöst haben, die durchaus zum Untergang einer ganzen Insel im Seegebiet zwischen Südportugal bzw. Südspanien und Marokko hätte führen können. Auf diese Ursache weist im Übrigen der ägyptische Priester selbst hin: »Es haben schon viele und vielerlei Vertilgungen von Menschen stattgefunden und werden auch fernerhin noch stattfinden, die umfänglichsten durch Feuer und Wasser, andere, geringere, aber durch unzählige andere Ursachen. Denn was bei euch erzählt wird, dass Phaethon, der Sohn des Helios, den Wagen seines Vaters bestieg und, weil er es nicht verstand, auf dem Wege seines Vaters zu fahren, alles auf der Erde verbrannte, bis er vom Blitze erschlagen ward, das klingt zwar wie eine Fabel, aber es hat einen wahren Kern, nämlich die veränderte Bewegung der die Erde umkreisenden Himmelskörper und die Vernichtung von allem, was auf der Erde befindlich ist, durch vieles Feuer, das nach dem Ablauf großer Zeiträume eintritt.«[136]

Der gelehrte Gastgeber des griechischen Staatsmannes Solon macht mit diesen Sätzen klar, dass er von einem tatsächlichen Geschehen spricht. Und er verleiht seinen Worten noch zusätzliche Überzeugungskraft und Glaubwürdigkeit, indem er erklärt, auf welche Weise dieses den Griechen offenbar fehlende Wissen in Ägypten überliefert worden ist: »Nun aber liegt bei uns alles, was bei euch oder in der Heimat oder in anderen Gegenden vorgeht, von denen wir durch Hörensagen wissen, sofern es irgendetwas

Treffliches oder Großes ist oder irgendwie Bedeutung hat, insgesamt von alters her in den Tempeln aufgezeichnet und bleibt daher erhalten.«[137] Die Auslösung der gewaltigen Katastrophe, die das Machtzentrum der Atlantischen Megalithkultur so plötzlich vernichtete, durch einen Kometeneinschlag mit seinen charakteristischen Folgen liegt somit schon von den Erklärungen des ägyptischen Priesters her nahe. Dieser ursächliche Zusammenhang wird noch unterstrichen, wenn wir die zeitliche Einordnung des epochalen Ereignisses untersuchen und hierzu neben den weiteren Berichten der Ägypter auch die »Flutberichte« anderer Völker betrachten.

Aus den einleitenden Passagen der beiden Dialoge Platons und deren Vergleich mit unseren heutigen Erkenntnissen über die Geschichte Ägyptens und der Atlantischen Megalithkultur wissen wir, dass der Untergang der Insel Atlantis und der von dem ägyptischen Priester in Sais lobend hervorgehobene Krieg der ältesten Vorfahren der Griechen gegen die Atlanter in eine Zeit schwerer Erdbeben und außergewöhnlicher Überschwemmungen fielen und etwa in der Anfangsphase des Alten Reiches der Ägypter (3. Dynastie) stattgefunden haben müssen.

Hinweise auf eine außergewöhnliche Überschwemmung kennen wir auch aus anderen ägyptischen Aufzeichnungen, etwa aus dem sogenannten *Totenbuch* und aus den *Pyramidentexten*, wenngleich die Auswirkungen dieser Flut in Ägypten nicht so katastrophal waren wie in Mesopotamien.[138] Sie soll – so sagen uns antike Historiker, unter anderem Josephus Flavius – nicht lange vor der Errichtung der ersten Pyramiden das Nil-Tal heimgesucht haben.[139] Auch einige arabische Autoren, wie zum Beispiel der aus der Nähe von Dendera stammende Abu Ja'far al-Idrisi (1173–1251), der

Historiker Muhammad al-Maqrizi (1364–1442) sowie der Geograf Ibn Fadlallah al-Umari (gest. 1348) vertreten diese Ansicht.[140] Angesichts der geografisch und klimatologisch bedingten deutlich schwächeren Auswirkung der Flut in Ägypten dürfte es allerdings schwierig bleiben, ein derartiges Geschehen im Tal des Nil wissenschaftlich nachzuweisen. Dabei kommt noch hinzu, dass die in der Regel mit dem Ereignis verbundene Bestrafung der Menschen in Ägypten hauptsächlich durch »Feuer« erfolgt. So erzählt der aus der Armana-Zeit (um 1350 v. Chr.) stammende Mythos von der »Vernichtung der Menschheit«, dass der Sonnengott Re, der zu Beginn noch direkt auf der Erde herrscht, eine Krise auslöst und die Menschen sich gegen ihn erheben. Sie müssen deshalb bestraft werden, was zunächst durch das »feurige Udjat-Auge« des Sonnengottes selbst geschieht. Der Gott rettet aber einen Teil der Menschheit und lässt sich von der Himmelskuh zu den Sternen emportragen.[141] Auch das aus dem 15. Jahrhundert v. Chr. stammende *Totenbuch* der Ägypter enthält diese mythischen Vorstellungen.[142]

Berichte über eine außergewöhnliche Flut in Ägypten finden wir außer im *Totenbuch* auch in anderen ägyptischen Quellen. So hat Pharao Djoser laut einer Aufzeichnung aus der Ptolemäer-Zeit, der sogenannten »Hungersnotstele« auf der Nil-Insel Sehel bei Assuan, seinen Berater, Baumeister und Oberpriester Imhotep wegen einer sieben Jahre währenden Hungersnot um Rat und Erklärung gebeten.[143] In dieser Aufzeichnung in Form einer Dankschrift an den Regenten des Verwaltungsdistrikts Elephantine bedankt sich Pharao Djoser im Jahre 19 seiner Herrschaftszeit für die Bereitstellung von Opfergaben für den Quellgott der Nil-

Hochwasser, Chnum. Die siebenjährige Hungersnot ist zu diesem Zeitpunkt bereits vorbei. Der weise Berater des Pharao und berühmte Baumeister des Pyramidenkomplexes des Königs, Imhotep, vollzieht als Oberpriester nicht nur das Dank- und Opferritual an den Quellgott Chnum. Er erklärt dem Pharao auch getreu den Aufzeichnungen in den heiligen Schriften, dass die Hungersnot durch eine Unregelmäßigkeit im Rhythmus der Nil-Hochwasser hervorgerufen worden sei.

Die Überschwemmung des Nils war ein Naturphänomen, das jedes Jahr zur gleichen Zeit, nämlich Ende Juli, mit vorhersagbarer Regelmäßigkeit eintrat. Nur das Ausmaß der Überflutung war unterschiedlich und bestimmte weitgehend die Menge und Qualität der späteren Ernte. Eine außerhalb des üblichen Rhythmus stattfindende Überschwemmung musste zwangsläufig enorme Schäden zur Folge haben. Die Auswirkung der Überschwemmung war besonders nachhaltig fühlbar, wenn die »Auslösung«, anders als normalerweise üblich, im September oder Oktober geschah. Eine derartige Flut verhinderte nicht nur die Aussaat und die Bearbeitung des Bodens. Sie zerstörte auch die wichtigen Dämme und Kanäle, tötete einen großen Teil des Viehs, vernichtete die noch vorhandenen Vorräte einschließlich des Saatguts und brachte das gesamte Leben für längere Zeit durcheinander. Darüber hinaus ging das – zusätzliche – Hochwasser viel zu langsam zurück, sodass man auch im folgenden Jahr nicht »normal« wirtschaften konnte. Eine langjährige Hungersnot musste zwangsläufig die Folge sein. Es dürfte in diesem Zusammenhang kein Zufall sein, dass die ersten großen Pyramiden in Ägypten während der gleichen Epoche gebaut wurden, in der die vielfach erwähnte, außerhalb des üblichen Rahmens eintretende Überschwemmung des Nils eine schwere Hungersnot nach sich zog. Auch in den *Pyramidentexten* wird die Pyramide mit dem Urhügel nach der Flut in Verbindung gebracht.[144] Zwar sind die meisten Ägyptologen der Meinung, dass es sich bei den Pyramiden um Königsgräber handelt. Doch bleibt die Frage nach dem tieferen Sinn – vor allem im Hinblick auf die Monumentalität, die Form und die außergewöhnliche Konstruktion der Bauwerke – noch immer offen. Es muss jedenfalls eine enorme Motivation vorgelegen haben, um plötzlich so gigantische Bauwerke zu errichten. Denn die Pyramiden sind nicht von Sklaven erbaut worden, sondern von privilegierten Handwerkern und Arbeitern, die mit Nahrung, Kleidung und Unterkunft voll versorgt wurden. Wann die ersten großen Pyramiden errichtet worden sind, ist unter den Ägyptologen weitgehend unumstritten. Sie gehen von einem chronologischen Rahmen aus, der auf den Königslisten, den Regierungsdaten der Pharaonen und dem alten ägyptischen Kalender beruht. Danach wurde die erste Pyramide, die 60 Meter hohe Stufenpyramide in Sakkara, während der Regierungszeit des Pharao Djoser (2668–2649 v. Chr.) von dessen Baumeister Imhotep vollständig aus Stein errichtet.[145] Dabei scheint dieses Bauwerk nicht von vornherein als Pyramide geplant gewesen zu sein. Das eingestürzte Gemäuer an der Südseite der ersten Pyramide in Sakkara lässt noch heute klar erkennen, dass Pharao Djosers Grab zunächst – wie bis dahin üblich – als Mastaba (Bankgrab) angelegt war und das Bauwerk dann aus bis heute ungeklärten Gründen zu einer sechsstufigen Pyramide erweitert wurde (Bildteil, Abb. 23). Die berühmtesten, technisch ausgefeiltesten und schon in der Antike bewunderten Pyramiden entstanden in Gizeh während der Regierungszeit von Pharao Cheops (2589–2566 v. Chr.), Chefren

(2558–2532 v. Chr.) und Menkaure (2532–2504 v. Chr.).[146] Die außergewöhnliche Überschwemmung im Nil-Tal könnte demnach in den ersten Jahren der Herrschaftszeit des Pharao Djoser, also um 2668 bis 2658 v. Chr., stattgefunden haben.

Es ist in diesem Zusammenhang bemerkenswert, dass die in den ägyptischen Texten erwähnte und nicht mit der normalen und regelmäßigen Nil-Flut zu verwechselnde Überschwemmung in die gleiche geschichtliche Epoche fällt, in der sich nach heutigem Forschungsstand auch die in der *Bibel*[147] und im *Gilgamesch-Epos*[148] überlieferte gewaltige Überflutung in Mesopotamien ereignet hat. Wenn man – wie die meisten Gelehrten – davon ausgeht, dass die Überlieferungen über die Sintflut und deren besonders beeindruckenden Begleiterscheinungen auf einer Erinnerung daran beruht, müssen wir die von den verschiedenen Völkern als jeweils regionale Katastrophe wahrgenommene und beschriebene Überflutung weiter Teile des Landes ernst nehmen und anhand der in den Berichten übermittelten konkreten Einzelangaben auf ihren Wahrheitsgehalt prüfen. Hierfür bietet bereits das *Gilgamesch-Epos* gute Ansatzpunkte. Die sorgfältige Lektüre des recht anschaulichen Textes der im *Gilgamesch-Epos*, vor allem in der Elften Tafel überlieferten Flutgeschichte weisen die geografischen und meteorologischen Angaben der Verfasser im Hinblick auf den Ort des Geschehens eindeutig auf den mittleren und unteren Teil des Zweistromlandes. Selbst klar identifizierbare Städte, wie zum Beispiel Uruk und Schuruppak, werden genannt. Ein gewaltiger Südsturm und lang andauernde Regenfälle seien, so heißt es im Text, der Überflutung des Landes vorausgegangen.[149] Auch für die zeitliche Einordnung gibt das berühmte Epos konkrete Hinweise, die uns weiterhelfen. So deuten die erwähnten Fähigkeiten der Bewohner des Zweistromlandes darauf hin, dass die von der Katastrophe betroffenen Menschen in einer Epoche gelebt haben, in der es möglich war, relativ große Schiffe zu bauen und sogar das Meer zu befahren. Und schließlich lässt sich nach dem heutigen Forschungsstand die Herrscherpersönlichkeit Gilgamesch relativ sicher einordnen. Gilgamesch war in der sogenannten frühdynastischen Periode, etwa zwischen 2700 und 2650 v. Chr., Herrscher von Uruk.[150] Diese zeitliche Zuordnung korrespondiert zudem mit dem Auftreten einer kurzen Periode heftiger Regenfälle wenige Jahrzehnte nach 2700 v. Chr., die für den Raum Mesopotamien bis zum Ostrand des Mittelmeeres nachgewiesen ist.[151]

Neben dem *Gilgamesch-Epos* kann uns auch die *Bibel* weiterführen. Zwar ist die *Bibel* kein Geschichtsbuch. Doch gibt gerade auch der Text der ältesten Überlieferungen ein klares Zeugnis für das hoch entwickelte historische Bewusstsein seiner Autoren, die offenbar über eine lineare Sicht der Geschichte verfügten. Der Wirklichkeitsbezug des Kerns ihrer Schilderungen wird noch dadurch untermauert, dass ihnen die Geschichte über die große Flut schon lange vor der babylonischen Gefangenschaft der Juden während der Herrschaftszeit Nebukadnezars II. im 6. Jahrhundert v. Chr. bekannt war. Wie der renommierte amerikanische Literaturwissenschaftler Richard Elliott Friedman, Professor für Hebräische Sprache und Vergleichende Literatur an der Universität von Kalifornien in San Diego, nachgewiesen hat, geht der Text der Fünf Bücher Moses auf ein etwa 3000 Sätze umfassendes Manuskript zurück, das Anfang des 1. Jahrtausends v. Chr. entstanden ist und bereits die Flutgeschichte enthält.[152] Nach den Schilderungen im *Gilgamesch-Epos*, in der *Bibel* und in den weiteren Flutsagen der

Juden[153] hätte die Katastrophe im Zweistromland vor dem Hintergrund unseres heutigen Wissens über die Sumerer und andere Völker dieses Gebietes etwa zwischen 2700 und 2650 v. Chr. stattgefunden.

Mit Blick auf die Flutberichte aus den Hochkulturen in anderen Regionen, etwa dem Indus-Tal, fällt zudem ins Auge, dass die ersten massiven Ziegelsteinbauten und hohen Mauern in Harappa, Mohenjo Daro und Dholavira um 2650 v. Chr. entstanden sind.[154] Sie könnten durchaus eine Reaktion auf die auch im Indus-Tal geschehene Katastrophe und zum Schutz gegen künftige Überflutungen errichtet worden sein. Und im Hinblick auf die in sumerischen Schriften erwähnte, aber erst kürzlich von einem Archäologenteam unter Leitung von Professor Yousef Majidzadeh im Gebiet von Halilroud (Iran) entdeckte Hochkultur von Aratta, die für ihr Kunsthandwerk berühmt war und bereits zu Beginn des 3. Jahrtausends v. Chr. nachweislich enge Handelsbeziehungen mit Uruk hatte, ist bemerkenswert, dass auch die Bewohner dieser Königsstadt etwa um 2700 v. Chr. einen gewaltigen Stufenbau mit einer Grundlinie von 400 mal 400 Metern aus Lehmziegeln errichtet hatten.[155]

Die zeitliche Koinzidenz der gewaltigen Überschwemmungen ist so offensichtlich, dass die im Atlantis-Bericht Platons angesprochenen Ursachen der katastrophalen Ereignisse, die sich in der Region westlich der Meerenge von Gibraltar abgespielt haben, auch als Auslöser für jene Katastrophen verantwortlich gewesen sein können, die in anderen Weltregionen in der gleichen Epoche geschehen sind. Wir haben dabei nicht nur den Tatbestand zu berücksichtigen, dass eine außergewöhnliche Flutkatastrophe im Bewusstsein vieler Völker – von den Sumerern, Ägyptern,

Chinesen, Persern, Indern und Griechen bis zu den Mayas und Azteken, von den Wogulen in Sibirien bis zu den Aborigines in Australien und von den Cheyenne in Nordamerika bis zu den Yamana in Feuerland – tief verankert ist. In diesem Zusammenhang erscheint es vielmehr auch bedeutsam, dass die von den Ethnologen in den vergangenen zwei Jahrhunderten gesammelten Mythen und Sagen eine Fülle von Einzelangaben über lang andauernde Regenfälle, gewaltige Überschwemmungen, außergewöhnliche Stürme und Erdbeben, Feuersbrünste, Dunkelheit und Kälte enthalten, die zum einen in ihrer Art und der Reihenfolge des Auftretens weitgehend übereinstimmen und zum anderen in Bezug auf ihre jahreszeitliche Einordnung ein charakteristisches Merkmal aufweisen: Der Beginn der Flutkatastrophe mit ihren jeweiligen Begleiterscheinungen wird von den auf der Nordhälfte unseres Planeten lebenden Völkern für den Herbst, von den Völkern auf der Südhalbkugel für den Frühling behauptet.[156] Diese Gleichzeitigkeit der katastrophalen Ereignisse kann kein Zufall sein, sondern ist ein wichtiges Indiz dafür, dass die von den Menschen als so außergewöhnlich geschilderten Überschwemmungen tatsächlich stattgefunden und einen gemeinsamen Auslöser haben. Untermauert wird der Zeitpunkt des Geschehens dieser Katastrophe auch durch den teilweise noch erhaltenen Bericht des im frühen 3. Jahrhundert v. Chr. lebenden babylonischen Marduk-Priesters Berossos. Dieser Priester und Gelehrte zählt zu jenen Autoren der hellenistischen Epoche, die durch die griechische Kultur inspiriert worden sind, die Bedeutung ihrer eigenen Kultur deutlicher zu sehen und deren Überlieferungen vorzustellen. Berossos berichtet uns dabei nicht nur, dass die große Flut zur Herrschaftszeit von König Gilgamesch hereinbrach. Er über-

liefert auch, dass sich diese Katastrophe am 15. Tag des
Monats »Daisios« ereignete, der dem Monat »Duazag« der
Babylonier und dem Monat »Tischrit« der Hebräer entspricht und nach unserer modernen Zeitrechnung am
14. September beginnt.[157] Der Hinweis auf ein wirkliches
Geschehen wird noch dadurch unterstrichen, dass die in
den zahllosen Berichten und Mythen überlieferten Einzelangaben zu ganz spezifischen geografischen Verhältnissen
passen und einen plausiblen Zusammenhang ergeben. Dabei schließen gerade die berichteten typischen Begleiterscheinungen aus, dass es sich um »normale« Überschwemmungen handelt, wie sie immer wieder vorkommen.

Wenngleich die von dem Wiener Geologen Alexander
Tollmann so vehement vertretene Theorie einer Auslösung
der großen Überschwemmungen in vielen Regionen der
Welt durch den Einschlag eines in sieben Teile zerbrochenen Kometen bislang nicht in allen Einzelheiten bewiesen
werden konnte, die Katastrophe sicher nicht das von ihm
dargestellte Ausmaß gehabt hat und zeitlich falsch eingeordnet wurde, liegt ein derartiges Geschehen dennoch als
Erklärung nahe. Insofern ist die umfangreiche Untersu-
chung Alexander Tollmanns trotz ihrer Fehler von großem
Wert. Schon antike Gelehrte vor Platon, wie beispielsweise
Heraklit (540–475 v. Chr.), wussten von der Wiederkehr
solcher kosmischer Katastrophen. Dass Kometen, die über
lange Zeit von allen Völkern als Schreckensboten angesehen wurden, tatsächlich eine Bedrohung für unseren Planeten sein können, ist spätestens seit dem spektakulären Ab-
sturz des Kometen *Shoemaker-Levy 9* auf den Planeten Jupiter
im Juli 1994 deutlich geworden. Heute wissen wir, dass
derartige Kometeneinschläge auch für unseren Planeten
nichts Einmaliges darstellen. Wir kennen bereits mehr als

200 Einschlagskrater auf der Erde, und weitere Krater dürften noch entdeckt werden. Es lässt sich in diesem Kontext nicht bestreiten, dass viele Flutberichte typische Schilderungen enthalten, die auf ein Impaktereignis hindeuten. Dies trifft auch für die Überlieferungen der Aborigines zu, die über den weit zurückliegenden Einschlag eines Himmelskörpers, über katastrophale Feuersbrünste, ungewöhnlich starke Regenfälle und eine große Flut berichten. Die Überlieferungen dieser Menschen könnten durchaus eine Erinnerung an den Einschlag jener kosmischen Objekte sein, die die Krater in den Henbury Hills in Südaustralien hervorgerufen haben (Bildteil, Abb. 24). Dabei ist besonders interessant, dass sich dieser Impakt nach den bisherigen geologischen Untersuchungen um 2700 v. Chr. ereignet haben soll.[158] Das Streufeld der Tektite, die von diesem Einschlag stammen, weist in nordwestliche Richtung. Es wäre daher durchaus möglich, dass andere, sehr viel größere Teile desselben Kometen im Pazifik, im Indischen Ozean und im Atlantik, etwa bei den Azoren, abgestürzt sind. Immerhin würde der Einschlag eines Kometenbruchstücks im Indischen Ozean den gewaltigen Südsturm und die lang andauernden Regenfälle erklären, von denen das *Gilgamesch-Epos* spricht. Und ein Impakt bei den Azoren hätte ziemlich sicher jene Auswirkungen gehabt, die der Atlantis-Bericht Platons im Hinblick auf den plötzlichen Untergang der vor der Meerenge von Gibraltar gelegenen Inselmetropole beschreibt. Überdies gibt es in den Staub- und Säureschichten der Eisbohrkerne von Grönland unter anderem Hinweise auf eine Katastrophe um 2700 v. Chr., deren Ursache aber noch nicht vollständig geklärt ist.[159] Wenngleich auch neuere Untersuchungen der Eisbohrkerne von Grönland[160] noch keine

eindeutigen Aussagen über die Gründe für die Veränderung des spezifischen Säuregehalts in der fraglichen Epoche zulassen, erscheinen die ins Auge fallenden Werte für die Konzentration von Salzen und Säuren immerhin bemerkenswert.

Abgesehen von den bislang sehr wenigen handfesten Indizien des Einschlags eines in mehrere Teile zerbrochenen Kometen um 2700 v. Chr. weisen uns zahlreiche Mythen und Katastrophenberichte auf ein kosmisches Ereignis hin. Zwar klingt die von Alexander Tollmann vorgenommene Gleichsetzung des nach seiner Ansicht in sieben Teile zerbrochenen Kometen mit dem Unheil bringenden siebenköpfigen Drachen der Chinesen und Inder bzw. der siebenköpfigen Schlange vieler Völker Nord- und Mittelamerikas und des Siebensterns (Plejaden) in der nahöstlichen Mythologie auf den ersten Blick sehr gewagt. Doch könnten die eindrucksvollen Metaphern der zum Teil nur mündlichen Überlieferungen durchaus ein Impaktereignis meinen.

Der kosmische Bezug der in der Erinnerung fast aller Völker weiterlebenden gewaltigen Katastrophe kommt auch in der Verknüpfung mit einem konkreten Sternbild zum Ausdruck, die manche Völker in ihren Mythen herstellen. So können wir in uralten hebräischen Volkslegenden nachlesen, es sei zur Sintflut gekommen, weil »die oberen Wasser durch den Raum strömten, der sich öffnete, als Gott zwei Sterne aus der Konstellation der Plejaden entfernte«[161]. Eine ähnliche Erinnerung scheinen einige der astronomischen *Pyramidentexte* der Ägypter und zahlreiche Amulette widerzuspiegeln, die sich auf die Dekane[162] als wichtige Sinnzeichen der Regeneration beziehen. Dabei soll der Träger des Amuletts »vor den sieben Sternen und vor einem Stern, der vom Himmel fällt, und vor den Dekangestirnen« geschützt werden.[163] In den astronomischen Vorstellungen der Mayas werden die sieben Sterne der Plejaden als die siebengliedrige Rassel der großen Schlange interpretiert, die für jene gewaltigen Zerstörungen verantwortlich war, die dem vergangenen Weltzeitalter ein Ende setzten.[164] Auch der Karibenstamm der Caliña in Surinam (früher Niederländisch-Guyana) verbindet eine große Katastrophe mit dem Sternbild der Plejaden. Nach seiner Überlieferung vollzog sich die Zerstörung der Welt durch eine »himmlische Schlange, die schon mehrfach die Plejaden verschlungen hatte«[165]. Und die Azteken erinnerten in einer grauenvollen Zeremonie mit zahlreichen Menschenopfern jedes Jahr aufs Neue daran, dass die große Feuerschlange, die aus der Richtung der Plejaden gekommen war, schon einmal die Welt zerstört hatte. Sie befürchteten, dass die Schlange wiederkehren würde, wenn sie die Menschenopfer unterließen.[166] Es dürfte wohl kein Zufall sein, wenn mehrere Völker auf verschiedenen Kontinenten völlig unabhängig voneinander die Erinnerung an eine gewaltige Katastrophe bewahrten, die sie ausdrücklich mit dem Sternbild der Plejaden verbanden. Vielmehr zeigt dies einmal mehr, dass die Katastrophe einen gemeinsamen Auslöser gehabt haben muss.

9. Niedergang der Atlantischen Megalithkultur

Folgen wir dem Text Platons, so fand der Untergang der Inselmetropole von Atlantis etwa zu der Zeit statt, als die nach Westen vordringenden ältesten Vorfahren der Athener mit den Atlantern um die Vorherrschaft kämpften. Diese bedeutende, sicher auch kriegerisch geführte Auseinandersetzung und die damit aus ägyptischer Sicht verbundene

»Großtat« der Athener bilden sogar den Anknüpfungspunkt in der Erzählung des ägyptischen Priesters in Sais gegenüber seinem griechischen Gast Solon. Dabei kommt immer wieder zum Ausdruck, dass man diese Auseinandersetzung in Ägypten als einen Zusammenprall unterschiedlicher Kulturen wahrnahm. Das Alte Reich in Ägypten, das nach der mit Pharao Menes um 3000 v. Chr. beginnenden Frühdynastischen Periode um 2700 v. Chr. nach unseren heutigen Erkenntnissen bereits konsolidiert war, scheint die Ausbreitung der Atlantischen Megalithkultur in den Mittelmeerraum durchaus als bedrohlich angesehen zu haben. Diese fremde Kultur war immerhin bis an die Westgrenze des damaligen Ägypten vorgedrungen, und es hatten vereinzelt sogar kriegerische Auseinandersetzungen stattgefunden.

Die Herrscher des Alten Reiches waren über die Atlantische Megalithkultur sicher in groben Zügen informiert. Die direkten Kontakte zu den westlichen Nachbarn und die Nachrichten, die über die damaligen Seefahrer ihren Weg nach Ägypten fanden, ließen dies zu. Und die Ägypter jener frühen Epoche besaßen einige, wenn auch sehr oberflächliche Kenntnisse über die Völker, die im zentralen Mittelmeerraum lebten und markante Siedlungen gegründet hatten. Das selbstbewusste und entschlossene Vorgehen dieser Menschen in der Ägäis gegen die fortschreitende Ausdehnung der Herrschaft der Megalithleute erweckte offenbar die Sympathie der sich ebenfalls bedrängt fühlenden Pharaonen, sodass der ägyptische Priester die Rolle der ältesten Vorfahren seines Gastes lobend hervorhebt: »Denn es war einst, mein Solon, vor der größten Zerstörung durch Wasser der Staat, welcher jetzt der athenische heißt, der Beste im Kriege und mit der in allen Stücken ausgezeichnetsten Verfassung ausgestattet, wie denn die herrlichsten Taten und öffentlichen Einrichtungen von allen unter der Sonne, deren Ruf wir vernommen haben, ihr zugeschrieben werden.«[167] Und er fährt wenig später in seiner Erzählung über die Vorfahren Solons fort:»Viele andere große Taten eures Staates nun lesen wir in unseren Schriften mit Bewunderung; von allen jedoch ragt eine durch ihre Größe und Kühnheit hervor. Unsere Bücher erzählen nämlich, eine welch gewaltige Kriegsmacht euer Staat einst gebrochen hat, als sie übermütig gegen ganz Europa und Asien zugleich vom atlantischen Meere heranzog.«[168] Von diesem bedeutsamen geschichtlichen Vorgang weiß der Gast aus Athen, wie der ägyptische Priester bemängelt, in der Tat nichts. So weit zurückliegende Ereignisse verlieren sich im Dunkel der griechischen Mythologie, in der allerdings überliefert wird, dass die griechische Stadtgöttin Athene mit Poseidon, dem Gott der Atlanter, um den Besitz von Attika stritt und aus dem Kampf siegreich hervorging.[169] Diese Aussage gibt immerhin einen verschlüsselten Hinweis darauf, dass in weit zurückliegender Zeit eine bedeutende Auseinandersetzung mit den aus dem fernen Westen herandrängenden Völkerschaften stattgefunden hat.

Fragt man nach der Identität jener Völkerstämme, deren Fähigkeiten und Leistungen der ägyptische Priester so ausdrücklich lobt, lässt sich schon anhand des zeitlichen Rahmens und der geografischen Zuordnung feststellen, dass die als»Vorfahren der Athener« angesprochenen Menschen Angehörige jener Kultur waren, die sich im Zuge der Einwanderung indoeuropäischer Völkerstämme aus den Steppengebieten Südrusslands und aus dem Mittleren Osten während der ersten drei Jahrhunderte des 3. Jahrtausends v. Chr. im südlichen Griechenland und in der ägäischen Inselwelt herausgebildet hatte und als Kykladen-Kultur bezeichnet wird. Es kommt mit Blick auf die Historizität der dem Athener Staatsmann Solon um 580 v. Chr. geschilderten dramatischen Ereignisse nicht darauf an, ob die Anfang des 3. Jahrtausends v. Chr. in Athen lebenden Menschen nach heutigen wissenschaftlichen Erkenntnissen »Vorfahren der Griechen« gewesen sind. Entscheidend ist vielmehr, dass die gelehrten Ägypter dies damals und offenbar auch noch in der saitischen Periode so sahen. Auf der Landkarte der Erinnerung erscheinen Atlantis und Ägypten als zwei entgegengesetzte Welten, während Ägypten und die Kykladen-Kultur miteinander harmonierten und ihre Götterwelten zumindest teilweise als äquivalent betrachtet werden. Dieses offenbar schon im 3. Jahrtausend v. Chr. erreichte Niveau an interkultureller Übersetzbarkeit der Götterwelt unterstreicht, dass angesichts der hoch entwickelten religiösen Vorstellungen, die mit der politischen Organisation der frühen staatlichen Gemeinschaften einhergingen, auch bei der Kykladen-Kultur die Stufe der primitiven Stammesgesellschaft überschritten worden war.

Die Entwicklung der Kykladen-Kultur verlief parallel zur frühdynastischen Zeit in Ägypten, und ihre Träger haben Götter mit ähnlichen Eigenschaften verehrt wie jene Herrschaftselite, die in das Nil-Tal eingewandert war und dort binnen kurzer Zeit die Macht an sich brachte. Darauf deutet nicht nur der Hinweis im Atlantis-Bericht Platons hin, wenn Kritias zu Beginn des Dialogs *Timaios* über die Stadt Sais sagt: »Die Einwohner nun halten für die Gründerin der Stadt eine Gottheit, deren Name auf Ägyptisch Neith, auf Griechisch aber, wie sie behaupten, Athene ist. Sie sagen daher, dass sie große Freunde der Athener und gewissermaßen mit ihnen stammverwandt seien.«[170] Auch die griechische und die ägyptische Mythologie bestätigen diese Zusammenhänge. Gleichwohl lässt sich daraus nicht zwingend ableiten, dass die frühen Athener und die Herrschaftselite Ägyptens zu Beginn des 3. Jahrtausends v. Chr. einen gemeinsamen Ursprung gehabt hätten. Lediglich einige ihrer wichtigsten Göttinnen hatten ähnliche Eigenschaften.[171] So erscheint es immerhin bemerkenswert, dass Neith, die Ortsgöttin von Sais, seit der 1. Dynastie als ägyptische Kriegs- und Schöpfergottheit bezeugt ist.[172] Athene wiederum lässt sich historisch ähnlich weit zurückverfolgen und war trotz ihres auf vorgriechische Ursprünge hindeutenden Namens die Stadtgöttin Griechenlands; außer auf dem Burgberg in Athen wurde sie in zahlreichen Siedlungen des griechischen Festlandes und in der Ägäis verehrt. Ihr Bild spiegelt sich später sogar in der berühmten minoischen Schlangengöttin wider. Wie die ägyptische Neith war sie eine Kriegsgöttin, und in der Kunst wird sie sehr oft als waffentragende Göttin dargestellt. Darüber hinaus war sie die Schutzpatronin aller Künste und des Handwerks und verkörperte so letztlich die Weisheit. Athene ist verantwortlich für die Erfindung, Herstellung und Entwicklung aller wichtigen technischen Errungenschaften der Menschen, von der Töpferei und der Webkunst bis zum Schiffbau. Sie leitet nicht nur Danaos[173] an, das erste Schiff zu bauen, oder gibt Anweisungen für die Arbeit am Schiff der Argonauten. Sie unterweist auch Odysseus im Schiffbau und in der Navigation, als er die Insel der Kalypso verlassen will. Nach der griechischen Mythologie gilt Athene zudem als die Erfinderin des Streitwagens und bildet die besten Wagenlenker aus. Entsprechend einer aus der frühen Bronzezeit tradierten Rolle ist sie die wehrhafte Stadtschützerin, die sich aber ebenso als Hüterin des Gemein- und Rechtswesens engagiert. Und nicht zuletzt wird ihr die technische Verbesserung des Pflugs zugeschrieben, eine Schöpferfunktion, die in der altägäischen Agrargesellschaft lebenswichtige Bedeutung hatte. Aus der Sicht der gelehrten Ägypter des 6. Jahrhunderts v. Chr. lag es nahe, die in der Ägäis und auf dem griechischen Festland sich entwickelnde Kykladen-Kultur als Vorläufer der Griechen zu betrachten. Mit ihrem Aufblühen während der ersten Hälfte des 3. Jahrtausends v. Chr. wurde zunächst die Expansion der Atlantischen Megalithkultur im zentralen Mittelmeerraum gestoppt. Hatten die Megalithleute ihren Lebensstil und ihren Einfluss bis etwa 2700 v. Chr. von Westen nach Osten in den Mittelmeerraum stetig ausgedehnt, so folgte seit jener Zeit eine klar erkennbare Umkehrung dieses Trends. Es waren nunmehr im Süden des europäischen Kontinents die aus dem ägäischen Raum kommenden indoeuropäischen Völkerschaften, die immer stärker nach Westen drängten. Dieses Geschehen dürfte wohl mit kriegerischen Auseinandersetzungen verbunden gewesen sein, von denen die Ägypter Kunde erhalten und die sie als bedeutsam genug angesehen hatten, deren Kernpunkte schriftlich festzuhalten und für die nachfolgenden Generationen zu überliefern. Schließlich wird auch das Vordringen einzelner Gruppen aus der Ägäis bis in das westliche Mittelmeer zu Kämpfen mit den Megalithleuten auf der Iberischen Halbinsel geführt haben, von denen die Ägypter des Alten Reiches offenbar ebenfalls erfahren und die sie aufgezeichnet hatten. Die Spuren der Vorstöße kleinerer Gruppen aus der ägäischen Region lassen sich in der Tat anhand des Auftauchens innovativer Technologien und Waffen entlang den Küsten Italiens, Südfrankreichs und Iberiens verfolgen.[174] Dass die Ägypter des Alten Reiches von dem gleichzeitigen Vordringen zahlrei-

cher anderer indoeuropäischer Völkerstämme nach Westeuropa, etwa von den Trägern der aus den Steppengebieten
Südrusslands stammenden Kurgan-Kultur, nichts wussten,
ist durchaus verständlich, da diese epochalen Vorgänge in
weit nördlich gelegenen Regionen stattfanden, zu denen die
Kontakte der Ägypter nicht reichten.

Mit der Zerstörung der Inselmetropole von Atlantis durch
ein gewaltiges Erdbeben und die anschließende Flut hatte
die Atlantische Megalithkultur eine so nachhaltige Schwä-
chung erfahren, dass sie dem weiteren Vordringen der indoeuropäischen Volksstämme aus dem Osten nicht mehr lange standzuhalten vermochte. Es scheint den Megalithleuten
zwar gelungen zu sein, die etwa um 2700 v. Chr. einsetzen-
de Welle des Ansturms der Indoeuropäer vor allem auf der
Iberischen Halbinsel noch abzuwehren. Die aus dieser Zeit
stammenden beeindruckenden und offenbar mehrfach ver-
stärkten Festungsbauten in verschiedenen Siedlungen der
Megalithleute, wie zum Beispiel in Vila Nova de São Pedro,
in Zambujal, bei Leceia und in Los Millares, deuten zumindest auf einen längeren Abwehrkampf hin. Auch die Brand-
spuren und die Zerstörungen aus dieser Phase der Invasion
indoeuropäischer Völkerstämme belegen dies. Und wo der
Ansturm der Einwanderer nicht sofort das alte Herrschafts-
gefüge überwand und ablöste, vollzog sich die Zerstörung
der Megalithsiedlungen in einer erneuten Welle der Invasion etwa um 2500 v. Chr., endgültig dann in einer weiteren Welle um etwa 2300 v. Chr. Diese Migrationsschübe
indoeuropäischer Völker in Richtung Westen und Südwesten sind inzwischen auch von der humangenetischen Forschung bestätigt worden.[175]

Der epochale politische und gesellschaftliche Wandel in
dem Ausbreitungsgebiet der Atlantischen Megalithkultur

lässt sich an vielen charakteristischen Anzeichen ablesen. Wo sich zum Beispiel die Träger der Kurgan-Kultur festsetzen, ändert sich plötzlich vieles, was die Lebensweise der Megalithleute kennzeichnete. So bricht die mehrere Jahrtausende währende Tradition ab, die Toten in gigantischen Gemeinschaftsgräbern zu bestatten. Die indoeuropäischen Einwanderer ziehen Einzelgräber vor; allenfalls im Kreise der Familie will man bestattet werden. Die meisten alten Megalithgräber mit ihrem offenen Zugang für die Lebenden werden mit großen Steinblöcken verschlossen. Manche Megalithanlagen werden zu Einzelgräbern umgewidmet.

Der Niedergang der Atlantischen Megalithkultur lässt sich auch an dem Aufkommen völlig anderer Haushaltsgegenstände erkennen. Die nach West- und Südeuropa, ja sogar bis an die Nordküste Afrikas vordringenden Einwanderer führen Tongefäße mit, die wie umgedrehte Glocken aussehen. Man bezeichnet sie deshalb auch als Glockenbecher-Kultur. Auch treffen wir bei den Ausgrabungen immer häufiger auf Funde von Streitäxten, die dem Stil der Glockenbecher-Kultur entsprechen.

Wie der Atlantis-Bericht Platons dies andeutet, half den Invasoren zudem eine überlegene Waffentechnik, die Megalithleute zu überwinden. Ihre Krieger verfügten über größere Streitäxte und flache Kupferdolche. Sie trugen meist einen Armschutz, der sie als erfahrene Bogenschützen ausweist. Auch in der Schiffbautechnik waren die aus dem ägäischen Raum nach Westen vordringenden Indoeuropäer im Vergleich zu den Menschen der Atlantischen Megalithkultur weiter fortgeschritten.

Der Niedergang der Atlantischen Megalithkultur fand schließlich auch auf der Iberischen Halbinsel mit der Zerstörung und Eroberung der letzten Bastionen durch die

Indoeuropäer seinen Abschluss. So wurde zum Beispiel die stark befestigte Siedlung von Los Millares in Andalusien um 2300 v. Chr. ebenso zerstört wie die Megalithsiedlung von Vila Nova de São Pedro in Portugal. Auch auf Malta lässt sich das Ende der Megalithkultur etwa um 2300 v. Chr. datieren. Die Siedlungen, die Tempel und Grabstätten wurden aufgegeben. Die Eroberer waren offenbar mit der Seefahrt und der Metallverarbeitung gut vertraut. Sie verwendeten Äxte und Dolche aus Kupfer. Und ihre religiösen Vorstellungen waren von denen der Megalithleute völlig verschieden. Sie verbrannten ihre Toten und bestatteten die Überreste in Urnen und Einzelgräbern.

Der Atlantis-Bericht Platons bestätigt die Auffassung, dass die Ägypter jene Menschen der indoeuropäischen Kultur, die den Megalithleuten die weitere Expansion nach Osten verwehrten, als Vorfahren der Griechen betrachtet haben. So legt Platon dem ägyptischen Priester in Sais die Worte in den Mund: »Wenigstens eure jetzigen Geschlechtsverzeichnisse, mein lieber Solon, wie du sie eben vortrugst, unterscheiden sich nur wenig von Kindermärchen. Denn erstens erinnert ihr euch nur einer Überschwemmung der Erde, während doch so viele schon vorhergegangen sind; sodann aber wisst ihr nicht, dass das trefflichste und edelste Geschlecht unter den Menschen in eurem Lande gelebt hat, von denen du und alle Bürger eures jetzigen Staates herstammen, indem einst ein kleiner Stamm von ihnen übrig blieb; sondern alles dieses blieb euch verborgen, weil die Übriggebliebenen viele Geschlechter hindurch ohne die Sprache der Schrift ihr ganzes Leben verbrachten.«[176]

Zahlreiche Indizien sprechen dafür, dass die in diesen Textpassagen erwähnten Vorfahren der Griechen Träger der

Kykladen-Kultur waren, die sich seit etwa 3500 v. Chr. im ägäischen Raum entwickelt hatte und um 2700 v. Chr. in hoher Blüte stand. Die ethnische Identität jener Menschen, die in der zweiten Hälfte des 4. und im frühen 3. Jahrtausend v. Chr. den gesamten ägäischen Inselarchipel bewohnten und mit ihren Booten die küstennahen Gewässer befuhren, ist dank der in den 1990er-Jahren erreichten Ergebnisse der humangenetischen Forschung belegt.[177] Dabei haben der Genetiker Luigi Luca Cavalli-Sforza und sein Team die Herausbildung eines »mediterranen Genotyps« festgestellt, der rings um die Ägäis verbreitet ist. Die Menschen dieser Kultur kennzeichnete nicht nur ein ziemlich fortgeschrittenes Wissen auf dem Gebiet des Ackerbaus und der Viehzucht. Sie trieben in der gesamten Ägäis, einschließlich der Insel Kreta, Handel mit wertvollen Steinen, Metall und Keramik und erwarben auch große Fertigkeiten in der Metallbearbeitung.[178] Vor allem mit dem Migrationsschub um 3000 v. Chr. kamen neue Materialien und Technologien aus dem Nahen Osten in den ägäischen Raum, so zum Beispiel Bronze als Metall-Legierung und die Kenntnis des Bronzegusses.[179] Die Menschen auf dem griechischen Festland, auf den ägäischen Inseln und in den größeren Siedlungen an der anatolischen Gegenküste, wie beispielsweise in Troja, lernten Silber und Gold noch besser zu bearbeiten als bis dahin. Ihre Trinkgefäße und Teller aus Gold, Silber und Bronze fanden in der gesamten Region rasche Verbreitung. Auch in der Herstellung von Gold- und Silberschmuck wurde ein bemerkenswert hoher Standard erreicht. Zusammen mit neuen Techniken im Ackerbau, der Kultivierung von Wein und großer Kunstfertigkeit in der Töpferei trug diese Entwicklung dazu bei, dass die Herrschaftseliten der Kykladen-Kultur einen beachtlichen Lebensstil pflegen konnten. Nahezu alle Siedlungen waren stark befestigt, und die Waffen ihrer Bewohner belegen, dass sie in der Kriegskunst sehr erfahren gewesen sein müssen. Die Abbildungen von großen Ruderschiffen, die auf verschiedenen Kunstwerken, aber auch auf Haushaltsgeräten gefunden wurden, weisen die Menschen der Kykladen-Kultur als tüchtige Seefahrer aus. Alle diese Eigenschaften wie auch das unbestreitbare Vordringen nach Westen passen sich nahtlos in die Schilderungen des ägyptischen Priesters ein, der seinen griechischen Gast Solon über dessen eigene Vorfahren aufklärte.

Wenngleich es der gelehrte Priester in Sais versäumt, den Namen auch nur eines Pharaos zu nennen, der uns dabei helfen könnte, die Zerstörung der Insel Atlantis und den anschließenden Niedergang der Atlantischen Megalithkultur zeitlich sicher einzuordnen, bieten die detaillierten Beschreibungen des Atlantis-Berichts Platons und dessen Kernaussagen doch Anhaltspunkte genug, um den historischen Rahmen für das dramatische Geschehen zu fixieren. Der Untergang der Inselmetropole von Atlantis ereignete sich demnach etwa zwischen 2700 und 2650 v. Chr., also zu derselben Zeit, als eine der großen Wellen indoeuropäischer Einwanderer sowohl im Mittelmeerraum als auch in Mitteleuropa gegen das eher lockere Gefüge der Atlantischen Megalithkultur vordrang. Der Niedergang dieser vor-indoeuropäischen Kultur vollzog sich schließlich in den nachfolgenden Jahrhunderten, als weitere Wellen von Einwanderern aus dem Osten Europas von dem westeuropäischen Territorium Besitz nahmen.

Fazit und Forschungsperspektiven

Ziehen wir nach den bisher festgestellten Hinweisen auf die Historizität der im Atlantis-Bericht Platons geschilderten Ereignisse eine Bilanz, so lässt sich nach heutigem Wissensstand nicht nur die These von Helmut Tributsch bestätigen, dass Atlantis mit der Atlantischen Megalithkultur identisch ist. Wir können auch mit hinreichender Sicherheit sagen, dass die Erzählung des ägyptischen Priesters in Sais über den Untergang der Inselmetropole Atlantis ein tatsächliches Geschehen widerspiegelt, das etwa um 2700 v. Chr. stattgefunden hat. Zumindest gibt es eine Fülle von Indizien, die nicht nur den historischen Hintergrund der Schilderungen des saitischen Gelehrten untermauern. Auch die Kernaussagen des Berichts zur Topografie, zur Lage der Inselmetropole und des Machtzentrums dieser vor-indoeuropäischen Kultur vor der Meerenge von Gibraltar im Atlantischen Ozean geben die realen geografischen Verhältnisse vor dem Untergang der Insel wieder.

Wie fragmentarisch und eher zufällig die Überlieferungen auch immer sind, so erlauben sie uns doch, den übergeordneten Zusammenhang zu erschließen und aus den mit Sicherheit identifizierbaren Einzelfakten ein in sich schlüssiges Bild der geschichtlichen Ereignisse zu rekonstruieren. Gleichwohl bleibt es eine wichtige Aufgabe, daran zu arbeiten, die hier vorgestellte Indizienkette mit verbesserten Analysemethoden zu verdichten. Dabei sollte sich die künftige wissenschaftliche Forschung im Hinblick auf die Historizität von Atlantis auf fünf Komplexe konzentrieren:

Erstens ist einmal mehr der Frage nachzugehen, ob die Behauptung des ägyptischen Priesters gegenüber dem griechischen Staatsmann Solon, die Kunde von den Großtaten der Vorfahren der Athener wie auch die Geschichte von Atlantis seien auf den Säulen seines Tempels in Sais geschrieben, der Wahrheit entspricht. Es wäre deshalb sinnvoll und wünschenswert, den Ausgrabungen in der bei dem heutigen Ort Sa el-Hagar am westlichen Arm des Nildeltas gelegenen alten ägyptischen Königsstadt mehr Aufmerksamkeit zu widmen.

Zweitens wäre es eine wichtige Aufgabe für die Archäologen, die Rolle der Kulturen in Griechenland und in der ägäischen Inselwelt während der ersten Hälfte des 3. Jahrtausends v. Chr. zu klären und genauer zu erforschen, wie realitätsnah im Atlantis-Bericht das Handeln dieser Volksstämme beschrieben wurde.

Drittens sollte im Seegebiet vor der Südküste der Iberischen Halbinsel systematisch nach Anzeichen für Hangrutschungen und Spuren von außergewöhnlich schweren Erdbeben, die während der ersten Hälfte des 3. Jahrtausends v. Chr. stattgefunden haben, gesucht und die entsprechenden Fundstellen genau kartografiert werden. Dabei erscheint es angesichts der in dieser Analyse aufgezeigten Indizien geboten, dem Seegebiet zwischen Faro und Albufeira besondere Aufmerksamkeit zuzuwenden. Zwar steht die Unterwasserarchäologie trotz großer Leistungen in manchen Regionen, vor allem im Mittelmeerraum, noch am Anfang ihrer Möglichkeiten. Doch mit dem gezielten Einsatz modernster technischer Mittel müsste es möglich sein, die einstige Existenz der Insel Atlantis definitiv zu klären. Wenngleich die ungeheure Gewalt schwerer Erdbeben und Hangrutschungen auch Einzelteile megalithischer Bauten zerstört haben dürften, könnte man doch hoffen, Reste von bearbeiteten Steinen zu entdecken.

Viertens sollten vor allem die Geologen und Archäologen die Frage zu beantworten suchen, ob die zahlreichen Flutberichte ein Ereignis widerspiegeln, das in regional jeweils spezifischer Ausprägung einen gemeinsamen Auslöser hatte und der Untergang der Insel Atlantis ebenso wie andere katastrophale Ereignisse auf ein Impaktgeschehen zurückgeht. Dabei wäre es zum einen angezeigt, im Rahmen einer interdisziplinären Anstrengung der Frage nachzugehen, ob es in der Zeit um 2700 v. Chr. eine Überflutung des im *Gilgamesch-Epos* genannten Gebietes gegeben hat und ähnliche Flutereignisse für andere Regionen der Welt nachzuweisen sind. Zum anderen erscheint es notwendig, gezielt nach untermeerischen Kratern im Südpazifik, im Südchinesischen Meer, im Indischen Ozean und im Atlantik zu suchen. Sie müssten zum Beispiel anhand von Anomalien im Einschlagsgebiet und an Störungen in den Magnetstreifenmustern der Meeresböden zu erkennen sein. Es dürfte sich zudem als lohnend erweisen, die vorhandenen Indizien, wie zum Beispiel die Spuren des Einschlags eines kosmischen Objektes in den Henbury Hills in Südaustralien, erneut zu überprüfen und die dabei gewonnenen Erkenntnisse für weitere Forschungen zu nutzen.

Fünftens sollte die Staub- und Säureschicht aus der Zeit um 2700 v. Chr. in den Eisbohrkernen von Grönland und der Antarktis auf ihren Gehalt an Salpetersäure, Iridium, geschockten Mineralien und Ruß überprüft werden, um genauere Aussagen als bisher über die Ursachen und das Ausmaß einer entsprechenden Katastrophe zu erhalten. Wenngleich es bis heute, abgesehen von dem Einschlag von Bruchstücken eines Kometen in Südaustralien um 2700 v. Chr., nur wenige wissenschaftlich tragfähige Beweise für die Auslösung gewaltiger Erdbeben und Flutkatastrophen durch ein Impaktereignis gibt, sollten sich die Geologen nicht von den methodischen Fehlern jener Kollegen ablenken lassen, die ein derart weltumspannendes Geschehen behauptet und zudem zeitlich falsch eingeordnet haben. Die im Laufe des vergangenen Jahrzehnts gefundenen Indizien für einen Kometeneinschlag und für die historisch korrekte Datierung des Geschehens eröffnen durchaus ernst zu nehmende Perspektiven für die wissenschaftliche Arbeit an dem Problem. Für den Erfolg dieses Bemühens und die Lösung der offenen Fragen wird es entscheidend darauf ankommen, interdisziplinär nach Antworten zu suchen und präziser vorzugehen, als dies bisher geschah.

ANHANG

ZEITSKIZZE EINIGER KULTUREN VOM ATLANTIK BIS MESOPOTAMIEN

Zeit v. Chr.	Atlanter	Kykladen	Ägypten	Sumer
3500	Lokale Zentren (Großbauten)			Massive Besiedlung in
3400				Mesopotamien
3300	Expansion in den Mittel- meerraum		Bildung von einzelnen Königreichen	
3200			im Nil-Tal: This, Nagada	Bildung von Stadtstaaten: Uruk, Schuruppek
3100		Lokale Zentren in der Ägäis: Athen	Hierakonpolis Frühdynastisch	Eridu, Larak, Sippar
3000		Delos Melos, Andros	1. Dynastie Narmer (Menes) Aha	
2900		u. a. (Handel und Seefahrt)	Djer Semerchet	
			2. Dynastie	
2800			Hetepsechemui Raneb	
	Weiteste Ausdehnung und Blütezeit		Ninetjer Peribsen Chasechem	
	der Atlantischen Megalithkultur	Massives Vordringen	Altes Reich	Frühdynastisch I
2700		der Indo-	3. Dynastie	
	Niedergang der Atlantischen Megalithkultur	europäer in mehreren Wellen über Mitteleuropa und das	Djoser Sechemhet Sanacht Chaba Huni	Gilgamesch
2600		Mittelmeer nach Westen	4. Dynastie Snofru Cheops Djedefre Chephren Mykerinos	
2500				

Anmerkungen

1   Platon: *Spätdialoge*, Übersetzung von Rudolf Rufener, Zürich 1969

2   Festtag im Monat Pyanepsion (etwa Oktober), an dem erwachsen gewordene Jünglinge und jungverheiratete Ehefrauen in die Listen der Bruderschaften bei meist miteinander verwandten Familien eingetragen wurden.

3   Bruderschaften, in Athen und anderen griechischen Stadtstaaten Gruppen von meist miteinander verwandten Familien; bis zum Ende des 6. Jahrhunderts v. Chr. spielen die Phratrien eine große Rolle im politischen Leben; dann wurde ihre Macht durch die Reformen des Kleisthenes eingeschränkt.

4   Mit »Libyen« bezeichnete man in der Antike Afrika westlich von Ägypten.

5   Ein Stadion = 192 Meter; nach: *Reclams Lexikon der Antike*, hrsg. von M. C. Howatson, Stuttgart 1996, S. 405

6   Ein Plethron = 30 Meter; nach: *Reclams Lexikon der Antike*, a. a. O.

7   Ein Fuß = 30 Zentimeter; nach: *Reclams Lexikon der Antike*, a. a. O.

8   Krantor; siehe bei Proklos: *Die Kommentare des Proklos über Platons Timaios*, Bd. 1, London 1820, S. 64

9   Poseidonios; siehe bei Proklos: *Die Kommentare des Proklos über Platons Timaios*, Bd. 1, London 1820, S. 65

10 Diodorus Siculus: *Bibliotheke historike*, III, 54 und 60

11 Plutarch: De Iside et Osiride, in: *Moralia*, V, 354, 10

12 Ebenda

13 Erik Hornung: *Das esoterische Ägypten*, München 1999, S. 27

14 Proklos: *Die Kommentare des Proklos über Platons Timaios*, Bd. 1, London 1820, S. 168

15 Homer: *Die Odyssee*, 1. Gesang, übersetzt von Wolfgang Schadewaldt, Hamburg 1958

16   Pherekydes, Schol. Apoll. Rhod. IV, 1396

17   Herodot: *Historien*, IV, 184–185

18   Herodot: *Historien*, IV, 8

19   Herodot: *Historien*, I, 29–30

20   Bill Manley: *Die siebzig großen Geheimnisse des Alten Ägyptens*, München 2003, S. 28; Karola Zibelius-Chen: Im Land der Pharaonen – Ägypten, in: Rainer Albertz et al.: *Frühe Hochkulturen*, Stuttgart 2003, S. 19

21   Ignatius Donnelly: *Atlantis, the Antediluvian World*, New York 1882

22   Elena M. Whishaw: *Atlantis in Andalucia. A Study of Folk Memory*, London 1929, S. 6 und 33

23   Elena M. Whishaw, a. a. O., S. 7

24   Otto Muck: *Atlantis – die Welt vor der Sintflut*, Wien 1956

25   Michael D. Coe: *Breaking the Maya Code*, London 1992, S. 275; Nikolai Grube: Vorläufig kein Weltuntergang, in: *Abenteuer Archäologie*, 1/2004, S. 46–51; Linda Schele: Religion und Weltsicht, in: Eva und Arne Eggebrecht et al.: *Die Welt der Maya*, Mainz 1993, S. 197

26   Alexander und Edith Tollmann: *Und die Sintflut gab es doch. Vom Mythos zur historischen Wahrheit*, München 1993

27   In der üblichen Klassifizierung gehört der Toba-Vulkan zur Klasse VEI-8 (VEI = Volcanic Explosion Index) in einer Skala von 0–8, wobei die jeweils folgende Klasse zehn Mal stärker als die vorherige ist. So gehört zum Beispiel der Thera-Vulkan in der Ägäis (Ausbruch 1642–1628 v. Chr.) zur Klasse VEI-6, der St. Helens in den USA zur Klasse VEI-3.

28   Malcolm Todd: *Die Germanen*, Stuttgart 2000, S. 15 ff.; Arnulf Krause: *Die Geschichte der Germanen*, Frankfurt am Main 2002, S. 13 ff.

29   Charles Berlitz: *Der 8. Kontinent. Wiege aller Kulturen*, Wien, Hamburg 1984

30   Edgar Cayce: *Atlantis – The Edgar Cayce Readings*, Bd. 22, ARE Virginia Beach, VA., 1987

31   Andrew Collins: *Neue Beweise für Atlantis*, Augsburg 2002

32   Paul Gaffarel: *Histoire de la découverte de l'Amerique depuis les origines jusqu'à la mort de Christophe Colomb*, Paris 1892, Bd. 1, S. 18

33   Albert C. Hine/John C. Steinmetz: Cay-Sal Bank, Bahamas – A Partially Drowned Carbonate Platform, in: *Marine Geology*, Vol. 59, 1984, S. 137–164

34   W. F. Prouty: Carolina Bays and their Origin, in: *Bulletin of the Geological Society of America*, Jg. 63, Februar 1952, S. 167–222; Victor Clube/Bill Napier: *The Cosmic Serpent*, London 1982

35   John Anthony West: *Serpent in the Sky. The High Wisdom of Ancient Egypt*, New York 1979; Graham Hancock/Robert Bauval/John Grigsby: *The Mars Mystery*, London 1998

36   David O'Connor: Rätsel der großen Sphinx, in: Bill Manley: *Die siebzig großen Geheimnisse des Alten Ägyptens*, München 2003, S. 67–70; Karola Zibelius-Chen: Im Land der Pharaonen – Ägypten, in: Rainer Albertz et al.: *Frühe Hochkulturen*, Stuttgart 2003, S. 34

37   Angelos Galanopoulos/Edward Bacon: *Die Wahrheit über Atlantis*, München 1976

38   Nannó Marinatos: Minoische Kunst in Avaris, in: Bill Manley, a. a. O., S. 166–169

39   Eberhard Zangger: *Ein neuer Kampf um Troja. Archäologie in der Krise*, München 1994; Ders.: *Atlantis – Eine Legende wird entziffert*, Augsburg 1996

40   Jürgen Spanuth: *Das enträtselte Atlantis*, Stuttgart 1953

41   Hilary Wilson: *Hieroglyphen lesen*, München 1999, S. 62, 73, 102 f.

42   Axel Hausmann: *Atlantis. Die versunkene Wiege der Kulturen*, Aachen 2000

43   Adolf Schulten: *Tartessos. Ein Beitrag zur ältesten Geschichte des Westens*, Hamburg 1950

44   *Die Bibel*, Altes Testament, Buch Jesaja 23, 6 und 7

45   *Die Bibel*, Altes Testament, 1. Buch der Könige 10, 22

46   Gadir ist eine der ältesten Niederlassungen der Phönizier und wurde nach Angaben antiker Historiker etwa 80 Jahre nach dem Fall Trojas von Tyrern gegründet. Velleius Paterculus: *Historia Romana*, I. 2, 3

47   Siehe hierzu: Maria Eugenia Aubet (Hrsg.): *Tartessos. Arqueologia protohistorica del Bajo Guadalquivir*, Barcelona 1989; vgl. Hermanfrid Schubart: Kulturen der Bronzezeit im Süden der Iberischen Halbinsel, in: Michael Blech/Michael Koch/Michael Kunst (Hrsg.): *Denkmäler der Frühzeit*, HISPANIA ANTIQUA, Mainz 2001, S. 121–152

48   Helmut Tributsch: *Die gläsernen Türme von Atlantis. Erinnerungen an Megalith-Europa*,Frankfurt am Main/Berlin 1986

49   Toby A. H. Wilkinson: *Genesis of the Pharaos*, London/New York 2003; K. A. Ward: Origins of Egyptian Writing, in: Renée Friedman/B. Adams (Hrsg.): *The Followers of Horus: Studies Dedicated to Michael Allan Hoffman*, Oxford 1992, S. 297–306

50   Karola Zibelius-Chen: Im Land der Pharaonen – Ägypten, in: Rainer Albertz et al., a. a. O., S. 29

51   Helmut Tributsch, a. a. O., S. 12

52   Helmut Tributsch, a. a. O., S. 140 f.

53   Herodot: *Historien*, II 142

54   Bill Manley, a. a. O., S. 234; Karola Zibelius-Chen: Im Land der Pharaonen – Ägypten, in: Rainer Albertz et al., a. a. O., S. 59

55   Bill Manley, a. a. O., S. 33; Karola Zibelius-Chen: Im Land der Pharaonen – Ägypten, in: Rainer Albertz et al., a. a. O., S. 8 und 17

56   Siehe hierzu: Erik Hornung: Der Pharao, in: Sergio Donadoni (Hrsg.): *Der Mensch des Alten Ägypten*, Frankfurt am Main 1997, S. 330; Hilary Wilson: *Hieroglyphen lesen*, München 1999, S. 51

57   Toby A. H. Wilkinson, a. a. O.

58   Vgl. Oleg Berlev: Der Beamte, in: Sergio Donadoni (Hrsg.), a. a. O., S. 132; ebenso Bill Manley, a. a. O., S. 10 f.

59 Alasdair Whittle: The First Farmers, in: Barry Cunliffe (Hrsg.): *The Oxford Illustrated History of Prehistoric Europe*, Oxford 2001, S. 149 und 153; vgl. Ignacio Barandiaran/Bernat Marti Oliver/ M. Angeles del Rincon/José Luis Maya: *Prehistoria de la Peninsula Iberica*, Barcelona 2004, S. 27 f.

60 Ignacio Barandiaran/Bernat Marti Oliver/M. Angeles del Rincon/José Luis Maya, a. a. O., S. 162

61 Ignacio Barandiaran/Bernat Marti Oliver/M. Angeles del Rincon/José Luis Maya, a. a. O., S. 137

62 Ignacio Barandiaran/Bernat Marti Oliver/M. Angeles del Rincon/José Luis Maya, a. a. O., S. 21

63 Andrew Sherratt: The Transformation of Early Agrarian Europe: The Later Neolithic and Copper Ages 4500–2500 BC, in: Barry Cunliffe (Hrsg.): *The Oxford Illustrated History of Prehistoric Europe*, Oxford 2001, S. 184 und 196; vgl. Philine Kalb: Die Megalith-Kultur auf der Iberischen Halbinsel, in: Michael Blech/ Michael Koch/Michael Kunst (Hrsg.): *Denkmäler der Frühzeit*, HISPANIA ANTIQUA, Mainz 2001, S. 101–120

64 Ignacio Barandiaran/Bernat Marti Oliver/M. Angeles del Rincon/José Luis Maya, a. a. O., S. 228

65 Siehe hierzu: Gordon Childe: *The Prehistory of European Society*, Harmondsworth 1958

66 Kevin Fleming et al., in: *Earth and Planetary Science Letters*, Bd. 163 (1998), S. 327–342; M. Siddall/E.J. Rohling/A. Almogi-Labin/Ch. Hemleben/D. Meischner/I. Schmelzer/D. A. Smeed: Sea-level fluctuations during the last Glacial cycle, in: *Nature*, Bd. 423 (2003), S. 853–857

67 Ignacio Barandiaran/Bernat Marti Oliver/M. Angeles del Rincon/José Luis Maya: a. a. O., S. 247

68 Karola Zibelius-Chen: Im Land der Pharaonen – Ägypten, in: Rainer Albertz et al., a. a. O., S. 27

69 Erik Hornung: *Das Totenbuch der Ägypter*, München 1990, S. 29

70 Edda Bresciani: Der Fremde, in: Sergio Donadoni (Hrsg.), a. a. O., S. 260 f.

71   Platon: *Spätdialoge*, a. a. O.

72   Victor M. Guerrero: In der Abgeschiedenheit des Mittelmeeres. Die prähistorische Besiedlung der Balearen-Inseln, in: *Antike Welt*, 6/2002, S. 599–606

73   Vgl. Josef Eiwanger: Unter den Säulen des Herakles. Archäologie im marokkanischen Rif als Fenster in die frühe Menschheitsgeschichte, in: *Antike Welt*, 5/2004, S. 77–85

74   Ignacio Barandiaran/Bernat Marti Oliver/M. Angeles del Rincon/José Luis Maya, a. a. O., S. 239 ff.

75   Platon: *Spätdialoge*, a. a. O.

76   Ignacio Barandiaran/Bernat Marti Oliver/M. Angeles del Rincon/José Luis Maya, a. a. O.., S. 147

77   Helmut Tributsch, a. a. O., S. 134

78   Helmut Tributsch, a. a. O., S. 118

79   Helmut Tributsch, a. a. O., S. 134

80   Helmut Tributsch, a. a. O., S. 251 f. und 291

81   Platon: *Spätdialoge*, a. a. O.

82   Zacharie Le Rouzic: *Les Cromlechs de Er Lannic*, Vannes 1930

83   Caroline Malone/Anthony Bonanno/Tancred Gouder/Simon Stoddart/David Trump: The Death Cults of Prehistoric Malta, in: *Scientific American*, Vol. 15, Nr. 1, Special Edition 2005, S. 14–23

84   Vgl. Wolfhard Schlosser/Jan Cierny: *Sterne und Steine. Eine praktische Astronomie der Vorzeit*, Stuttgart 1997, S. 11; Ernst Künzl: *Himmelsgloben und Sternkarten. Astronomie und Astrologie in Vorzeit und Altertum*, Stuttgart 2005, S. 28 ff.

85   Ernst Künzl, a. a. O., S. 29

86   Ernst Künzl, a. a. O., S. 33

87   Michael Hoskin/Elizabeth Allan/Renate Gralewski: Studies in Iberian Archaeoastronomy: Orientations of the Tholos Tombs in Almeria, in: *Archaeoastronomy*, 20 (1995), S. S29–S48; Adriano Gomez Ruiz/Michael Hoskin: Studies in Iberian Archaeoastronomy: Orientations of Megalithic Tombs of Huelva, in: *Archaeoastronomy*, 25 (2000), S. S41–S50; Robert Chapman:

Emerging complexity: The later prehistory of south-east Spain, Iberia and the west Mediterranean, Cambridge 1990

88 Stephen J. Mithen: The Mesolithic Age, in: Barry Cunliffe (Hrsg.): *The Oxford Illustrated History of Prehistoric Europe*, Oxford 2001, S. 106

89 Constance Holden: Were Spaniards Among the First Americans?, in: *Science*, 19. November 1999, Vol. 286, S. 1467–1468

90 Siehe hierzu: Richard Stone: Peopling of the Americas: Late Date for Siberian Site Challenges Bering Pathway, in: *Science*, 25. Juli 2003, Vol. 301, S. 450–451; Evan Hadingham: Americas First Immigrants, in: *Smithsonian Magazine*, November 2004, Vol. 35, Nr. 8; Dennis Stanford, Bruce Bradley und der Genetiker Douglas Wallace im Fernsehsender ARTE am 18. Februar 2006 in einer Dokumentation unter dem Titel *Die Steinzeit-Amerikaner*

91 So zum Beispiel Avienus: *Ora Maritima* 101-6; Plinius: *Naturalis Historia* 4.104; Strabo: *Geographia* 3.3.7; Caesar: *Bello Civilis* 1.54

92 Ein Boot in Plankenbauweise wurde in Caldicot am Fluss Nedern, einem Nebenfluss des Severn, gefunden und auf etwa 1600 v. Chr. datiert.

93 Ignacio Barandiaran/Bernat Marti Oliver/M. Angeles del Rincon/José Luis Maya, a. a. O., S. 334

94 Victor M. Guerrero, a. a. O., S. 600

95 William A. Ward: Ancient Lebanon, in: *Cultural Resources in Lebanon*, Beirut 1969, S. 18 f.

96 Albert Burnet: Les Gravures d'Elkab et d'El-Hosh, in: *Archéologia*, Nr. 405, Novembre 2003, S. 60–66; Hans Georg Niemeyer: Die Brücke zwischen Orient und Okzident, in: Rainer Albertz et al., a. a. O., S. 267; Dominique Görlitz: Auf Expedition mit dem Schilfboot ABORA II, Felsbildforschung und Experimentalversuche liefern neue Hinweise für eine prähistorische Hochseeschifffahrt, in: *Antike Welt*, 1/2005, S. 17–22

97 Dominique Görlitz, a. a. O.

98   David O'Connor/M. Adams: Moored in the desert, in: *Archaeology*, May/June 2001, S. 44–45

99   José-R. Pérez-Accino: Waren die Ägypter Seefahrer?, in: Bill Manley, a. a. O., S. 236–238

100 Helmut Tributsch, a. a. O., S. 154 ff.

101 Werner Huß: *Die Karthager*, München 1990, S. 101

102 Platon: *Spätdialoge*, a. a. O.

103 Platon: *Spätdialoge*, a. a. O.

104 Platon: *Spätdialoge*, a. a. O.

105 Herodot: *Historien*, IV 45

106 Herodot: *Historien*, IV 42

107 Manetho: *History of Egypt and Other Works.* Loeb Classical Library, Translated by W. G. Waddell, London 1940

108 Platon: *Spätdialoge*, a. a. O.

109 Helmut Tributsch, a. a. O., S. 174 f.

110 Platon: *Spätdialoge*, a. a. O.

111 Platon: *Spätdialoge*, a. a. O.

112 Rui Parreira: Alcalar – os locais habitados e as criptos funerarias do III e IV milénios a.C., in: *Noventa Séculos entre a Serra e o Mar*, Lisboa, IPPAR, 1997

113 Ignacio Barandiaran/Bernat Marti Oliver/M. Angeles del Rincon/José Luis Maya, a. a. O., S. 28

114 Platon: *Spätdialoge*, a. a. O.

115 Platon: *Spätdialoge*, a. a. O.

116 Siehe hierzu: Achim Kopf: Schlammvulkane. Schlote, die Schlamm statt Feuer speien, in: *Spektrum der Wissenschaft*, Dossier 6/2003, S. 58–67

117 Helmut Tributsch, a. a. O., S. 218 f.

118 Helmut Tributsch, a. a. O., S. 212

119 Noch heute kann man dort Thermalbäder nehmen.

120 Platon: *Spätdialoge*, a. a. O.

121 Platon: *Spätdialoge*, a. a. O.

122 Elena M. Whishaw, a. a. O., S. 12 und 122

123 Elena M. Whishaw, a. a. O., S. 21

124 Elena M. Whishaw, a. a. O., S. 58 ff.

125 Platon: *Spätdialoge*, a. a. O.

126 Helmut Tributsch, a. a. O., S. 200 f.

127 Andrew Collins, a. a. O., S. 46

128 Platon: *Spätdialoge*, a. a. O.

129 Helmut Tributsch, a. a. O., S. 262, 271 und 287

130 Helmut Tributsch, a. a. O., S. 155

131 Platon: Spätdialoge, a. a. O.

132 Eulàlia Gràcia/Juanjo Danobeitia/Jaume Vergés: Mapping active faults offshore Portugal ($36\,^{\circ}$N – $38\,^{\circ}$N): Implications for seismic hazard assessment along the Southwest Iberian margin, in: *Geology* (*Geological Society of America*), January 2003, S. 83–86; vgl. Marc-André Gutscher: What Caused the Great Lisbon Earthquake?, in: *Science*, Vol. 305, Nr. 5688, 27 August 2004, S. 1247–1248

133 Ebenda

134 Elena M. Whishaw, a. a. O., S. 7

135 Elena M. Whishaw, a. a. O., S. 100

136 Platon: Spätdialoge, a. a. O.

137 Platon: Spätdialoge, a. a. O.

138 Erik Hornung: *Das Totenbuch der Ägypter*, München 1990; siehe auch: Papyrus Salt, I, 1–6, ed. Philippe Derchain: *Le Papyrus Salt 825. Rituel pour la conservation de la vie en Égypte*, Bruxelles 1965; vgl. Erik Hornung: *Der ägyptische Mythos von der Himmelskuh*, München 1982

139 Josephus Flavius: *Jewish Antiquities I*, 68-72, Translated by H. ST. J. Thackeray, Loeb Classical Library, London 1991

140 Erik Hornung: *Das esoterische Ägypten*, München 1999, S. 160 f.; vgl. José-R. Pérez-Accino: Die Cheops-Pyramide, in: Bill Manley, a. a. O., S. 66

141 Erik Hornung: Der Pharao, in: Sergio Donadoni (Hrsg.), a. a. O., S. 357; Erik Hornung: *Das esoterische Ägypten*, München 1999, S. 24

142 Siehe hierzu insbesondere die Sprüche 17, 42, 90, 125 und 167, in: Erik Hornung: *Das Totenbuch der Ägypter*, München 1990

143 Karola Zibelius-Chen: Im Land der Pharaonen – Ägypten, in: Rainer Albertz et al., a. a. O., S. 29; Erik Hornung: *Das esoterische Ägypten*, München 1999, S. 55

144 Vgl. Bill Manley, a. a. O., S. 53

145 Robert Wenke/John Nolan: Dating the Pyramids, in: *Archaeology* (*The Archaeological Institute of America*), September/October 1999, S. 27–33

146 Ebenda

147 *Die Bibel*: 1. Moses 6–9

148 *Das Gilgamesch-Epos*. Übersetzt von Albert Schott. Neu herausgegeben von Wolfram von Soden, Reclam-Bibliothek 7235, Stuttgart 2001

149 *Das Gilgamesch-Epos*, a. a. O., Elfte Tafel

150 *Das Gilgamesch-Epos*, a. a. O., S. 4; vgl. Hans J. Nissen: *Geschichte Alt-Vorderasiens*, München 1999, S. 50; Horst Klengel: Städte, Staaten, Großreiche – Mesopotamien und Kleinasien, in: Rainer Albertz et al., a. a. O., S. 137; Wolfgang Korn: *Mesopotamien – Wiege der Zivilisation*, Mainz 2004, S. 73

151 Miryam Bar-Matthews/Avner Ayalon/Males Gilmour/Alan Matthews/Chris J. Hawkesworth: Sea-land oxygen isotopic relationships from planktonic foraminifera and spelethems in the Eastern Mediterranean region and their implication for paleorainfall during interglacial intervals, in: *Geochimica et Cosmochimica Acts*, Vol. 67 (2003), Nr. 17, S. 3181–3199

152 Richard E. Friedman: *The Hidden Book in the Bible*, New York 1999

153 L. Ginzberg: *The Legends of the Jews*, Bd. 1, *The Jewish Publication Society of America*, Philadelphia, Pa., 1909

154 Jonathan Mark Kenoyer: Birth of a Civilization, in: *Archaeology* (*The Archaeological Institute of America*), January/February 1998, S. 30–35; ders.: Harappa – Stadt der Händler, in: *Spektrum der Wissenschaft*, Februar 2004, S. 42–50; ders.: Uncovering the keys to the Lost Indus Cities, in: *Scientific American*, Vol. 15, Nr. 1, 2005, S. 25–33

155 Richard Covington: Jiroft & Aratta Kingdom, in: *CAIS 55*, Nr. 5, Sept./Oct. 2005; vgl. Apiladey Apilsin: Aratta, in: *Ancient Worlds*, June 11, 2004

156 Siehe hierzu: S. Hansen (Hrsg.): *Mythen vom Anfang der Welt*, Augsburg 1991; Werner Müller: *Die ältesten amerikanischen Sintfluterzählungen*, Inaug.-Diss. Phil.-Fak.-Univ. Bonn, Bonn 1930; Gian Andrea Carduff: *Antike Sintflutsagen*, Göttingen 1986; Walter Anderson: *Die nordasiatischen Flutsagen*, Dorpat 1923; W. Münke: *Die klassische chinesische Mythologie*, Stuttgart 1976

157 Berossos: zitiert nach Felix Jacoby (Hrsg.): *Die Fragmente der griechischen Historiker*, Bd. I–III, Leiden und Berlin 1923–1958, S. 680 ff.

158 C. C. Albritton Jr.: *Catastrophic Episodes in Earth History*, London 1989, S. 201; Eugene M. Shoemaker: Ages of Australian Meteorite Craters, in: *Abstracts of 53rd Annual Meeting of Meteoritic Society*, Perth 1990, S. 155

159 C. U. Hammer/H. B. Clausen et al.: Greenland ice sheet evidence of post-glacial volcanism and its climatic impact, in: *Nature*, Vol. 288, 1980, S. 230–235

160 E. W. Wolff/J. C. Moore/H. B. Clausen/C. U. Hammer/J. Kipfstuhl/K. Fuhrer: Long-term changes in the acid and salt concentrations of the GRIP Greenland ice core from electrical stratigraphy, in: *Journal of Geophysical Research*, Vol. 100 (1995), S. 16 249–16 264

161 L. Ginzberg: a. a. O., S. 162

162 Dekane sind Sterne oder Sternbilder in der Nähe der Ekliptik, die durch ihren Aufgang oder ihre Kulmination die Stunden der Nacht bestimmen, wobei alle zehn Tage (daher der Name) ein anderer Dekan zur gleichen Stunde aufgeht.

163 I. E. S. Edwards: *Hieratic Papyri in the British Museum, 4th series (Oracular Amuletic Decrees of the Late New Kingdom)*, London 1960, Text L 1; vgl. O. Neugebauer/R. A. Parker: *Egyptian Astronomical Texts*, Bd. III, London 1969

164 D. S. Allan/J. B. Delair: *When the Earth Nearly Died*, Bath 1995, S. 317

165 W. Krickeberg/W. Müller/H. Trimborn/O. Zerries: *Pre-Columbian American Religions*, London 1968, S. 246

166 R. G. Haliburton: *The History of Man Derived from a Companion of the Customs and Superstitions of Nations: The Festivals of the Dead*, Halifax/Nova Scotia 1863, S. 13

167 Platon: *Spätdialoge*, a. a. O.

168 Platon: *Spätdialoge*, a. a. O.

169 M. C. Howatson: *Reclams Lexikon der Antike*, Stuttgart 1996, S. 92

170 Platon: *Spätdialoge*, a. a. O.

171 Vgl. Y. Bonnefoy (Hrsg.): *Greek and Egyptian mythologies*, Chicago/London 1992

172 Karola Zibelius-Chen: Im Land der Pharaonen – Ägypten, in: Rainer Albertz et al., a. a. O., S. 114

173 Danaos war nach der griechischen Mythologie König der im Nordosten der Peloponnes gelegenen Stadt Argos. Nach ihm hießen die Bewohner der gesamten Region Danaer, ein Name, den auch Homer und zahlreiche spätere Dichter für die Griechen benutzten.

174 Andrew Sherratt, a. a. O., S. 171

175 Luigi Luca Cavalli-Sforza: The spread of agriculture and nomadic pastoralism: Insights from genetics, linguistics and archaeology, in: D. R. Harris (Hrsg.): *The origins and spread of agriculture and pastoralism in Eurasia*, London 1996, S. 51–69

176 Platon: *Spätdialoge*, a. a. O.

177 Luigi Luca Cavalli-Sforza, a. a. O.

178 Vgl. Gerhard Hiesel: Die Brücke zwischen Orient und Okzident, in: Rainer Albertz et al.: *Frühe Hochkulturen*, Stuttgart 2003, S. 226–247

179 Andrew Sherratt: The Transformation of Early Agrarian Europe: The Later Neolithic and Copper Ages 4500–2500 BC, in: Barry Cunliffe (Hrsg.): *The Oxford Illustrated History of Prehistoric Europe*, Oxford 2001, S. 169; Colin Renfrew: Die Indoeuropäer – aus archäologischer Sicht, in: *Spektrum der Wissenschaft* (Dossier 1/2000), S. 40–48

LITERATURVERZEICHNIS

A. Monographien

Albertz, Rainer et al.: *Frühe Hochkulturen*, Stuttgart 2003

Albritton Jr., C. C.: *Catastrophic Episodes in the Earth History*, London 1989

Allan, D. S./Delair, J. B.: *When the Earth Nearly Died*, Bath 1995

Anderson, Walter: *Die nordasiatischen Flutsagen*, Dorpat 1923

Ansell, Rodney: *Landschaften auf Menorca*, London 2001

Aristoteles: *On Marvellous Things Heard (De Mirabilis). Terrae Incognitae*, Translated by W. S. Hett, *Loeb Classical Library*, London 1991

Assmann, Jan: *Stein und Zeit. Mensch und Gesellschaft im Alten Ägypten*, München 1991

Assmann, Jan: *Ma'at. Gerechtigkeit und Unsterblichkeit im Alten Ägypten*, München 1995

Assmann, Jan: *Moses der Ägypter*, München 1998

Aubet, Maria Eugenia (Hrsg.): *Tartessos. Arqueologia protohistorica del Bajo Guadalquivir*, Barcelona 1989

Aveni, Anthony: *Dialog mit den Sternen*, Stuttgart 1995

Avienus: *Description of the Seacoast (Ora Maritima)*. Ed. by J. P. Murphy, Chicago 1977

Barandiaran, Ignacio/Marti Oliver, Bernat/Angeles del Rincon, M./ Maya, José Luis: *Prehistoria de la Peninsula Iberica*, Barcelona 2004

Beinhauer, Karl W. et al.: *Studien zur Megalithik*, Mannheim/Weißbach 1999

Berlitz, Charles: *Der 8. Kontinent. Wiege aller Kulturen*, Wien/Hamburg 1984

Bibel. Nach der deutschen Übersetzung D. Martin Luthers, Witten 1961

Bichler, Reinhold: *»Herodots Welt«. Der Aufbau der Historie am Bild der fremden Länder und Völker, ihrer Zivilisation und ihrer Geschichte*, Berlin 2000

Blech, Michael/Koch, Michael/Kunst, Michael (Hrsg.): *Denkmäler der Frühzeit*, HISPANIA ANTIQUA, Mainz 2001

Bonnefoy, Y. (Hrsg.): *Greek and Egyptian mythologies*, Chicago/London 1992

Burl, Aubrey: *Great Stone Circles. Fables, Fictions, Facts*, New Haven/London 1999

Bussmann, Michael: *Malta, Gozo und Comino*, Erlangen 2004

Caesar: *The Civil War (Bello Civilis)*. Translated by A. G. Peskett, *Loeb Classical Library*, London 1991

Carduff, Gian Andrea: *Antike Sintflutsagen*, Göttingen 1986

Cayce, Edgar: *Atlantis – The Edgar Cayce Readings*, Virginia Beach 1987

Chapman, Robert: *Emerging complexity: The later prehistory of southeast Spain, Iberia and the west-Mediterranean*, Cambridge 1990

Childe, Gordon: *The Prehistory of European Society*, Harmondsworth 1958

Clayton, Peter A.: *Die Pharaonen*, Düsseldorf 1995

Clube, Victor/Napier, Bill: *The Cosmic Serpent*, London 1982

Coe, Michael D.: *Breaking the Maya Code*, London 1992

Collins, Andrew: *Neue Beweise für Atlantis*, Augsburg 2002

Colpe, C./Holzhausen, J.: *Das Corpus Hermeticum. Deutsche Übersetzung, Darstellung und Kommentierung in drei Teilen*, Stuttgart 1997

Crawford, H. E. W.: *Sumer and the Sumerians*, Cambridge 1991

Cunliffe, Barry (Hrsg.): *The Oxford Illustrated History of Prehistoric Europe*, Oxford 2001

Cunliffe, Barry: *Facing the Ocean. The Atlantic and its Peoples*, Oxford 2004

Dalley, S.: *Myths from Mesopotamia. Creation, the Flood, Gilgamesch and Others*, Oxford 1998

Delibes, G./Fernandez-Miranda, M.: *Los origines de la civilizacion. El calcolitico en el Viejo Mundo*, Madrid 1993

Derchain, Philippe (Hrsg.): *Le Papyrus Salt 825. Rituel pour la conservation de la vie en Égypte*, Bruxelles 1965

Diodorus Siculus: *Library of History (Bibliotheca Historica)*. Translated by C. H. Oldfather, *Loeb Classical Library*, London 1991

Donnelly, Ignatius: *Atlantis, the Antediluvian World*, New York 1882

Edwards, I. E. S.: *Hieratic Papyri in the British Museum, 4ʰ series (Oracular Amuletic Decrees of the Late New Kingdom)*, London 1960

Eggebrecht, Eva und Arne, et al.: *Die Welt der Maya*, Mainz 1993

Fitton, J. Lesley: *Die Minoer*, Stuttgart 2004

Fowden, Garth: *The Egyptian Hermes. A Historical Approach to the Late Pagan Mind*, Princeton 1993

Freden, Joachim von: *Malta und die Baukunst seiner Megalithtempel*, Darmstadt 1993

Friedman, René/Adams, B. (Hrsg.): *The Followers of Horus: Studies Dedicated to Michael Allan Hoffman*, Oxford 1992

Friedman, Richard E.: *The Hidden Book in the Bible*, New York 1999

Gaffarel, Paul: *Histoire de la découverte de l'Amerique depuis les origines jusqu'à la mort de Christophe Colomb*, Paris 1892

Galanopoulos, Angelos/Bacon, Edward: *Die Wahrheit über Atlantis*, München 1976

Gibson, Alex: *Stonehenge & Timber Circles*, Stroud 1998

Gibson, Alex/Simpson, Derek (Hrsg.): *Prehistoric Ritual and Religion. Essays in Honour of Aubrey Burl*, Stroud 1998

Gilgamesch-Epos. Übersetzt von Albert Schott. Neu herausgegeben von Wolfram von Soden. Reclam-Bibliothek 7235, Stuttgart 2001

Ginzberg, L.: *The Legends of the Jews. The Jewish Publication Society of America*, Philadelphia/Pa. 1909

Giot, Pierre-Roland: *Vorgeschichte in der Bretagne*, Rennes 1994

Göttlicher, Arvid: *Die Schiffe der Antike*, Berlin 1985

Gomez, J. Lario: *Ultimo y presente interglaciar en el area de conexion Atlantica-mediterranea (sur de España). Variaciones del nivel del mar, paleoclima y paleoambiente.* Thesis Doctoral. *Departamento de Geologia. Musea de Ciencias Naturales.* C. S. I. C., Madrid 1996

Griffiths, John G.: *Atlantis and Egypt*, Cardiff 1991

Guerrero, Victor M./Gornes, S. (Hrsg.): *Colonizacion humana en ambientes insulares. Interaccion con el medio y adaptacion cultural*, Palma 2000

Haarmann, Harald: *Geschichte der Sintflut. Auf den Spuren der frühen Zivilisationen*, München 2003

Haliburton, R. G.: *The History of Man derived from a companion of the customs and superstitions of Nations: The Festivals of the Dead*, Halifax/Nova Scotia 1863

Hancock, Graham/Bauval, Robert/Grigsby, John: *The Mars Mystery*, London 1998

Hansen, Jürgen: *Schiffbau in der Antike*, Herford 1979

Hansen, S. (Hrsg.): *Mythen vom Anfang der Welt*, Augsburg 1991

Harris, D.R. (Hrsg.): *The origins and spread of agriculture and pastoralism in Eurasia*, London 1996

Hart, George: *Ägyptische Mythen. Mythen alter Kulturen*, Stuttgart 1996

Hausmann, Axel: *Atlantis. Die versunkene Wiege der Kulturen*, Aachen 2000

Herodot: *Historien I–IV*. Übersetzt von Walter Marg. *Bibliothek der Antike*, hrsg. von Manfred Fuhrmann, München 1991

Höckmann, Olaf: *Antike Seefahrt*, München 1985

Homer: *Die Odyssee*. Übersetzt von Wolfgang Schadewaldt, Hamburg 1958

Hornung, Erik: *Der ägyptische Mythos von der Himmelskuh*, München 1982

Hornung, Erik: *Das Totenbuch der Ägypter*, München 1990

Hornung, Erik: *Grundzüge der ägyptischen Geschichte*, Darmstadt 1996

Hornung, Erik: *Das esoterische Ägypten*, München 1999

Howatson, M.C.: *Reclams Lexikon der Antike*, Stuttgart 1996

Huß, Werner: *Die Karthager*, München 1990

Josephus Flavius: *Jewish Antiquities*. Translated by H. ST. J. Thackeray, *Loeb Classical Library*, London 1991

Korn, Wolfgang: *Mesopotamien – Wiege der Zivilisation*, Mainz 2004

Korn, Wolfgang: *Megalithkulturen. Rätselhafte Monumente der Steinzeit*. Stuttgart 2005

Krause, Arnulf: *Die Geschichte der Germanen*, Frankfurt 2002

Krauss, Rolf: *Astronomische Konzepte und Jenseitsvorstellungen in den Pyramidentexten*, Wiesbaden 1997

Krickeberg, W./Müller, W./Trimborn, H./Zerries, O.: *Pre-Columbian American Religions*, London 1968

Künzl, Ernst: *Himmelsgloben und Sternkarten. Astronomie und Astrologie in Vorzeit und Altertum*, Stuttgart 2005

Kuhrt, A.: *The ancient Near East c. 3000–330 BC*, London 1995

Lehner, Mark: *Das Geheimnis der Pyramiden in Ägypten*, München 2002

Le Roux, Charles-Tanguy: *Carnac, Locmariaquer und Gavrinis*, Rennes 2001

Le Rouzic, Zacharie: *Les Cromlechs de Er Lannic*, Vannes 1930

Loprieno, A.: *Ancient Egytian. A Linguistic Introduction*, Cambridge 1995

Manetho: *History of Egypt and other Works*. Translated by W. G. Waddell, *Loeb Classical Library*, London 1940

Manley, Bill (Hrsg.): *Die siebzig großen Geheimnisse des Alten Ägyptens*, München 2003

Mohen, Jean-Pierre: *Megalithkultur in Europa*, Stuttgart 1989

Mohen, Jean-Pierre: *Standing Stones*, London 2001

Muck, Otto: *Atlantis – die Welt vor der Sintflut*, Wien 1956

Müller, Werner: *Die ältesten amerikanischen Sintfluterzählungen*, Inaug.-Diss. Phil. Fak. Univ. Bonn, Bonn 1930

Münke, W.: *Die klassische chinesische Mythologie*, Stuttgart 1976

Neugebauer, O./Parker, R. A.: *Egyptian Astronomical Texts*, Bd. III, London 1969

Nissen, Hans J.: *Geschichte Alt-Vorderasiens*, München 1999

O'Connor, David/Silverman, David (Hrsg.): *Ancient Egyptian Kingship*, Leiden 1995

Parreira, Rui: Alcalar – os locais habitados e as criptas funerarias do III e IV Milénios a.C., in: *Noventa Séculos entre a Serra e o Mar*, Lisboa: IPPAR 1997

Pitman, Walter/Ryan, William: *Die Sintflut*, München 1999

Platon: *Spätdialoge*. Übersetzung von Rudolf Rufener, Zürich 1069

Plinius: *Natural History (Naturalis Historia)*. Translated by H. Rackham, *Loeb Classical Library*, London 1991

Plutarch: *Moralia*, Vol. V., Translated by Frank Cole Babbitt, *Loeb Classical Library*, London 1993

Popol Vuh. Das Buch des Rates, übersetzt von Wolfgang Jordan, Düsseldorf 1962

Prado, A.: *The World of Ancient Spain*, Geneve 1976

Proklos: *Die Kommentare des Proklos über Platons Timaios*, London 1820

Renfrew, Colin: *Archaeology. Theories, Methods and Practice*, London 1991

Ruiz, I. Montero: *El origen de la metalurgia en el sureste peninsular*, Almeria 1994

Sanchidrian, J. L.: *Manual de arte prehistorico*, Barcelona 2001

Santi, Manuela Fano (Hrsg.): *Archeologia e astronomia*, Supplemento 9 alla Rivista di Archeologia, Roma 1991

Schlosser, Wolfhard/Cierny, Jan: *Sterne und Steine. Eine praktische Astronomie der Vorzeit*, Stuttgart 1997

Schneider, Thomas: *Lexikon der Pharaonen*, München 1996

Schoske, Sylvia/Wildung, Dietrich: *Gott und Götter im alten Ägypten*, Hamburg 1993

Schulten, Adolf: Tartessos. *Ein Beitrag zur ältesten Geschichte des Westens*, Hamburg 1950

Spanuth, Jürgen: *Das enträtselte Atlantis*, Stuttgart 1953

Stadelmann, Rainer: *Die ägyptischen Pyramiden*, Mainz 1997

Strabo: *Geography (Geographia)*. Translated by Horace L. Jones, *Loeb Classical Library*, London 1991

Todd, Malcolm: *Die Germanen*, Stuttgart 2000

Tollmann, Alexander und Edith: *Und die Sintflut gab es doch: Vom Mythos zur historischen Wahrheit*, München 1993

Tributsch, Helmut: *Die gläsernen Türme von Atlantis*, Frankfurt am Main/Berlin 1986

Vinson, S.: *Egyptian Boats and Ships*, Princes Risborough 1994

Waddell, W. G.: *Manetho*, London 1940

Ward, C.: *Sacred and Secular: Ancient Egyptian Ships and Boats*, Boston 2000

Weeks, Kent: *Ramses II. – Das Totenhaus der Söhne*, München 1999

West, John Anthony: *Serpent in the Sky. The High Wisdom of Ancient Egypt*, New York 1979

Whishaw, Elena M.: *Atlantis in Andalucia: A Study of Folk Memory*, London 1929

Wilkinson, R. W.: *The Complete Gods and Goddesses of Ancient Egypt*, London 2003

Wilkinson, Toby A. H.: *Genesis of the Pharaos*, London/New York 2003

Wilson, Hilary: *Hieroglyphen lesen*, München 1999

Zangger, Eberhard: *Ein neuer Kampf um Troja*, München 1994
Zangger, Eberhard: *Atlantis – Eine Legende wird entziffert*, Augsburg 1996

B. Zeitschriften

American Journal of Archaeology, Boston
Ancient Worlds
Antike Welt, Mainz
Antiquity, London
Archaeological Prospection
Archaeology, New York
Archaeoastronomy, Cambridge
Archéologia, Dijon
Archivo Español de Arqueologia, Madrid
Arqueologia, Porto
Arqueologia, Paleontologia y Etnografia, Madrid
Biblical Archaeology Review, Washington, D. C.
Bulletin d'archéologie marocaine, Rabat
Cambridge Archaeological Journal
Complutum, Madrid
Dossiers d'Archéologie, Dijon
Geoarchaeology
Geological Journal
Geology
Historia de Iberia Vieja, Madrid
Journal of Archaeological Research, New York
Journal of Geodynamics
Journal of Geophysical Research
L'Anthropologie, Dijon
Marine Geology
Nature
Oxford Journal of Nautical Archaeology, London
Revista de Prehistoria, Cordoba
Revue Archéologique, Paris
Science

Scientific American
Sedimentary Geology
Spektrum der Wissenschaft
Sterne und Weltraum
Tectonophysics
The International Journal of Nautical Archaeology, London
Trabajos de Prehistoria, Madrid
World Archaeology, London

ABBILDUNGSNACHWEIS

Abb. 1:   *Reclams Lexikon der Antike*, hrsg. von M. C. Howatson, Stuttgart 1996, Verlag Philipp Reclam jun. Stuttgart, S. 505

Abb. 2:   Rainer Albertz et al.: *Frühe Hochkulturen*, Stuttgart 2003, Theiss-Verlag, S. 21

Abb. 3:   Bill Manley (Hrsg.): *Die siebzig großen Geheimnisse des Alten Ägyptens*, München 2003, Verlag Frederking & Thaler, S. 33 (Zeichnung des Verfassers)

Abb. 4:   *Knaurs ATLAS DER WELT*, München 1987, Droemer Knaur, S. 126

Abb. 5:   *Knaurs ATLAS DER WELT*, a. a. O., S. 174

Abb. 6:   Foto des Verfassers

Abb. 7:   Foto des Verfassers

Abb. 8:   Barry Cunliffe: *Facing the Ocean. The Atlantic and its Peoples*, Oxford 2004, Oxford University Press, S. 193

Abb. 9:   Walter Schumann: *Mineralien aus aller Welt*, München 2002, BLV-Verlagsgesellschaft, S. 175

Abb. 10: *Knaurs ATLAS DER WELT*, a. a. O., S. 126

Abb. 11: Eigene Zeichnung des Verfassers

Abb. 12: Eigene Zeichnung des Verfassers

Abb. 13: Bill Manley, a. a. O., S. 20 und 21

Abb. 14: Eigene Zeichnung des Verfassers

Abb. 15: Ernst Künzl, *Himmelsgloben und Sternkarten*, Stuttgart 2005, Theiss-Verlag, S. 48

Abb. 16: *Knaurs ATLAS DER WELT*, a. a. O., S. 118

Abb. 17: *United Kingdom Hydrographic Office*, Taunton, Somerset TA 1 2 DN, UK New Edition, 25th November 1999, Portugal and Spain – South Coast

Abb. 18: Foto des Verfassers, Fotomontage

Abb. 19: Karte der Provinz Huelva (Spanien)
          Distrimapas Telstar S. L., Passatge de Vilaret, 37
          E – 08013 Barcelona (Spanien)

Abb. 20: Elena M. Whishaw: *Atlantis in Andalucia: A Study of Folk Memory*, London 1929, S. 32 (Eigene Zeichnung des Verfassers), Rider & Co., Paternoster House, Paternoster Row,

London, E. C. 4; Printed at *The Mayflower Press*, Plymouth, *William Brendon & Son, Ltd.*

Abb. 21: GEBCO-Datensatz aus dem Internet

Abb. 22: Foto des Verfassers

Abb. 23: Bill Manley, a. a. O., S. 51

Abb. 24: Jürgen Rendtel: Die interessantesten Meteoritenkrater, in: *Sterne und Weltraum* (Dossier: *Die Erde*), Oktober 2003, S. 76, Spektrum der Wissenschaft Verlagsgesellschaft GmbH, Heidelberg

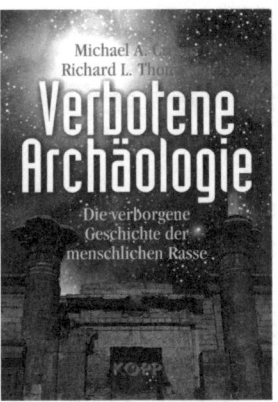

Michael Cremos und Richard Thompsons kontroverses Buch *Verbotene Archäologie* versetzt die Wissenschaftsgilde in basses Erstaunen. Es stellt bislang als gesichert geltende archäologische Erkenntnisse praktisch auf den Kopf und zeigt, dass die klassische Archäologie massenweise Fakten über die Entstehungsgeschichte der Menschheit unterdrückt. So liefert *Verbotene Archäologie* reichhaltige Beweise dafür, dass die menschliche Rasse seit Millionen von Jahren existiert.

»*Verbotene Archäologie* ist eine bemerkenswert umfassende Prüfung des wissenschaftlichen Beweismaterials über den Ursprung des Menschen. Das Buch wertet das gesamte Beweismaterial sorgfältig aus, auch das Material, das bisher außer Acht gelassen wurde, weil es nicht in die vorherrschenden Paradigmen passt. Wir alle können von den akribischen Forschungen und Analysen der Autoren viel lernen, egal, welche Schlüsse wir aus ihrer These über das Alter der Menschheit ziehen.«
Dr. Phillip E. Johnson, Universität von Kalifornien, Berkeley

»*Verbotene Archäologie* wurde hauptsächlich für den Laien geschrieben und ermöglicht eine kritische Überprüfung des für die menschliche Entwicklung sachdienlichen Beweismaterials. Darüber hinaus wird das Buch eine wertvolle Quelle für vergessene Literatur sein, die normalerweise nicht leicht zugänglich ist.«
Dr. Siegfried Scherer, Institut für Mikrobiologie, Technische Universität München

*gebunden
1056 Seiten
zahlreiche Abbildungen
ISBN 978-3-938516-33-1
29,90 EUR*

KOPP VERLAG
Pfeiferstraße 52
72108 Rottenburg
Telefon (0 74 72) 98 06-0
Telefax (0 74 72) 98 06-11
info@kopp-verlag.de
www.kopp-verlag.de